El juego de Wall Street, cómo jugarlo con éxito.

HOYLE

Traducción y comentario de

Buenaventura Baiget García-Cuervo.

TRADING IN THE BEACH
www.tradinginthebeach.com

2ª Edición en Castellano. Junio 2018

Título original: The game in Wall Street, and how to play it successfully.

1ªEdición 1898 by J.S. Ogilvie Publishing Co.

Traducción Buenaventura Baiget García-Cuervo.
ventbaiget@gmail.com
ISBM-1: 1505553865
ISBM-12: 978-1505553864

2017 De la presente traducción de "El juego de Wall Street "by Buenaventura Baiget García-Cuervo is licensed under a Creative Commons Reconocimiento-NoComercial 4.0 Internacional License.

*A **Paco Gómez**, sin su acicate nunca habría llegado a descubrir este libro.*

Y a todos los compañeros de trading, sin ellos esto no sería lo mismo.

"No hay nada nuevo en Wall Street ni en la especulación en bolsa. Lo que ha sucedido en el pasado volverá a suceder en el futuro una y otra vez. Porque la naturaleza humana no cambia y las emociones humanas siempre se manifiestan en forma de inteligencia"

Jesse Livermore

"Los principios de la especulación bursátil de éxito se basan en el supuesto de que las personas continuarán cometiendo en el futuro los mismos errores que han cometido en el pasado"

Thomas F. Woodlock

Contenido

- A MODO DE PREÁMBULO 1
- INTRODUCCION 5
- PRIMERA PARTE 6
  - COMO EVITAR LAS PÉRDIDAS. 14
  - ¿QUIÉN PARTICIPA EN EL JUEGO? 15
- SEGUNDA PARTE 17
  - SIETE U OCHO CARTAS MARCADAS 17
  - POOL STOCKS (ACCIONES PRINCIPALES) Y SPECIALTIES (ACCIONES SECUNDARIAS). 18
  - LOS PROFESIONALES 19
  - UNA CAMPAÑA 19
  - PISTA NÚMERO UNO 23
  - PISTA NÚMERO DOS 24
  - PISTA NÚMERO TRES 25
  - ACUMULACION-DISTRIBUCION 26
  - ACUMULACION Y DISTRIBUCION 29
  - ESPECULACIÓN: UN ESTUDIO CIENTÍFICO 30
  - PÁNICOS 32
  - PÁNICOS EN LAS BOLSAS DE VALORES 34
  - FLUCTUACIONES 35
  - SISTEMAS DE ESPECULACIÓN 40
  - PERSPECTIVA 48
- TERCERA PARTE_PISTAS Y DESPITES 51
  - PISTA NÚMERO CUATRO. 51
  - PISTA NÚMERO CINCO 52
  - PISTA NÚMERO SEIS 52
  - PISTA NÚMERO SIETE 53
  - PISTA NÚMERO OCHO 53
  - PISTA NÚMERO NUEVE 53
  - PISTA NÚMERO DIEZ 54
  - PISTA NÚMERO ONCE 54
  - PISTA NÚMERO DOCE 54

- PISTA NÚMERO TRECE 55
- PISTA NÚMERO CATORCE 55
- PISTA NÚMERO QUINCE 55
- PISTA NÚMERO DIECISÉIS 56
- PISTA NÚMERO DIECISIETE 56
- PISTA NÚMERO DIECIOCHO 58
- PISTA NÚMERO DIECINUEVE 58
- PISTA NÚMERO VEINTE 59
- PISTA NÚMERO VEINTIUNO 59
- PISTA NÚMERO VEINTIDOS 59
- PISTA NÚMERO VEINTITRES. 61
- PISTA NÚMERO VEINTICUATRO 61
- PISTA NÚMERO VEINTICINCO 62
- PISTA NÚMERO VEINTISEIS 62
- LAS TRAMPAS DE SUGAR. 63
- LA GRAN CAMPAÑA ANUAL DEL SUGAR TRUST POOL 65
- APÉNDICE 1: TABLAS DE PRECIOS. 69
- APENDICE 2: RANGO ANUAL DE PRECIOS EN LAS ACCIONES ACTIVAS. 71

EL JUEGO DE WALL STREET EN SU CONTEXTO. 73

- La actualidad de un texto de hace más de un siglo. 73
- 1792. El embrión de la NYSE. 74
- La falta de información. 75
- El boom del ferrocarril da vida a las bolsas. 76
- La guerra de secesión. 80
- La bolsa post bélica. 81
- El telégrafo y la gran revolución del ticker. 81
- Las bucket shop. 85
- Los Pools. 92
- La difusa frontera entre la manipulaciones del mercado y las técnicas de mercado legítimas. 96
- La New York Stock Exchange (NYSE) 98
- Sistema de subastas, sistema de corros y los especialistas. 100
- La competencia de la NYSE, en especial el caso de la Consolidated Exchange. ... 102
- ¿Quién participaba en el mercado? 103
- En conclusión. 107
- BIBLIOGRAFIA 108

A MODO DE PREÁMBULO

Sería el año 2011 y llevaba año y medio, o quizás 2 años, luchando con los mercados, inmerso en el mundo de Aitor Zárate. Al mismo tiempo me empapaba del sistema de su hermano, Peio Zárate, a través de F H Inversiones. Había pasado por la tutoría de Maitane Zárate y de Enrique Díaz Valdecantos, en aquella época tutor y colaborador de F H Inversiones. Y tras superar todas estas tutorías llegue al cenit de la formación en FHI, que eran el chat avanzado y las tutorías de Paco Gómez.

Paco Gómez, Paco para los amigos (algo prácticamente inseparable de la condición de alumno suyo) tiene un sistema personal e intransferible, fruto de su experiencia, del sudor y de los nervios forjados en el mercado durante más de 30 años de silencioso éxito como trader. Sin maestro ni escuela reconocida, su sistema es auténticamente personal y no tiene parangón. La dinámica del precio y el volumen son la base de su operativa, y de la casi mágica graficación de los niveles de soporte y resistencia que plantea cada día, antes de las 7 de la mañana, como puntos claves de la sesión del día y que el precio respeta como si estuviera bajo un hechizo.

Así pues, andaba intentando averiguar por qué le daba Paco tanta importancia al volumen, buscando y rebuscando en todos los libros que podía encontrar en castellano sin resultado alguno alguna enseñanza práctica sobre la relación del precio y el volumen de contratación sin resultado positivo alguno, cuando recordé que en uno de sus libros Aitor Zárate incluía como lectura recomendada la del libro de Tom Williams "Master the Markets".

Localicé en versión inglesa y tan sólo tras una primera y precaria lectura, con el diccionario en la mano en aquella época, vi claramente que allí estaban muchas claves que resonaban y complementaban las enseñanzas de Paco. Y profundizando en las referencias de Williams me adentré en un mundo que acabó por conquistarme totalmente: el mundo financiero de finales del siglo XIX y principios de siglo XX.

Empezando por Jesse Livermore y su biografía novelada por Edwin Lefèvre: "Memorias de un operador de Bolsa". Leer las páginas de Lefèvre en muchas ocasiones era como oír las explicaciones de Paco en las tutorías. Estaba claro que Livermore, seguramente el verdadero autor de las memorias de las que Lefèvre fue un mero escriba, había llegado con más de un siglo de diferencia a las mismas conclusiones que Paco y por el mismo camino: la experiencia práctica y diaria del enfrentamiento al mercado.

Por otro lado Richard D. Wyckoff era la base en la que se apoyaba Williams para su sistema, y la lectura de su curso de especulación en acciones fue un descubrimiento capital para la comprensión de cómo funcionan realmente los mercados.

Pero además hubo un libro que fue calando poco a poco, un pequeño panfleto de apenas 76 páginas, escrito en 1898 y que Gavin Holmes, socio de Tom Williams en TradeGuider.com, recomendaba encarecidamente leer para entender, de una vez por todas, que el mundo de los mercados financieros no era tan inocente y/o aleatorio como la mayoría cree. Se trataba de **"El Juego de Wall Street"** de Hoyle.

A medida que lo leía no podía salir de mi asombro ¿Era posible que en 1898 y en apenas 76 páginas se hubiera dicho prácticamente todo lo que hay que saber sobre los mercados? Al menos todo lo importante y fundamental.

Y más aún ¿Era posible que todavía hoy, en pleno siglo XXI, en la época de Internet y el trading de alta frecuencia, lo dicho en aquel breve panfleto todavía tuviera vigencia?

Si quieren averiguarlo no duden dejar ya esta introducción y adentrarse sin más en la lectura del texto. Pero les adelanto que en mi opinión la respuesta es: sí, sin ningún género duda.

Por cierto, ¿quién era Hoyle? "Hoyle" era una forma de denominar en aquella época a cualquier libro que reuniera las reglas de un juego o de una serie de juegos. Viene la denominación de un escritor de varios siglos atrás que se hizo famoso precisamente por sus compendios de reglas de juegos de salón y de cartas. Tanta fama llegaron a tener sus libros que se convirtió en una costumbre popular denominar a un libro que recogiera dichas reglas como un "Hoyle". Está claro que el libro que nos ocupa es un "Hoyle", porque es la recopilación de las reglas del juego más grande y popular en aquel momento, el de la especulación en Wall Street. Así pues, se trata de un libro anónimo, cuyo autor en alguna ocasión se ha identificado con William E. Forrest Hoyle, y del que no se tiene más noticia. Resulta evidente que tiene que tratarse de algún especulador o inversor profesional, muy experimentando, quizás un antiguo agente de bolsa retirado que decidió hacer un favor al cada vez mayor número de personas no profesionales que se interesaban por la bolsa y los mercados financieros de su época.

He releído tantas veces este libro y he disfrutado tanto con él, que finalmente pensé que valía la pena el esfuerzo de traducirlo y completarlo con algunas notas y comentarios para entender un poco mejor como eran los mercados de los que habla el libro y cómo no ha cambiado tanto el panorama. El trabajo de traducción ha sido una constante lucha entre mantener el estilo y expresiones originales o tomarse ciertas licencias para adecuar el contenido a los conceptos y vocabulario de los mercados financieros de hoy en día. Al final he optado por una solución intermedia y de compromiso. Ruego que si alguno de los lectores no está de acuerdo con la traducción se tome la molestia de mandarme un correo electrónico haciendo las sugerencias que crea oportunas.

En fin, espero que disfruten de "El juego de Wall Street" tanto como lo sigo haciendo yo.

Buenaventura Baiget García-Cuervo.

INTRODUCCION

El Autor, al redactar este pequeño panfleto, no tenía ningún esquema de trabajo.

Ha intentado relatar las verdades del juego de Wall Street (o por lo menos unas cuantas de ellas) en un lenguaje sencillo y llano.

No ha realizado ningún esfuerzo por darle estilo a su escritura. Ha pretendido utilizar un lenguaje simple y sencillo, llamando al "pan, pan y al vino, vino". Esas han sido sus únicas consignas.

No tiene espíritu de reformista. Acepta la naturaleza humana tal y como es. Y lo único que espera es que su humilde trabajo salve a un cordero o dos del sacrificio.

Está convencido de que si finalmente el público puede ser salvado no será por encontrar argumentos en contra del negocio en sí, algo que han intentado hacer los moralistas durante muchos años sin resultado alguno. De hecho, en el presente año de gracia de 1898, después de todo lo que ya se dicho sobre el tema, la tendencia especulativa es más fuerte que nunca desde la Guerra Civil.

Posiblemente, si el público aprende algo sobre el juego, evitará cometer errores fatales. Si el público es capaz de aprender a jugar, así como a ganar, puede que eso sea lo que más daño haga al propio juego, más que ninguna otra cosa. Si los corderos pueden evitar dejarse cientos de millones de dólares en pérdidas en Wall Street, como lo hacen en la actualidad, tal vez los directores del juego decidan cerrar el negocio en menos de dos años.

Con la esperanza de que alguno de los corderos puedan atrapar una pista o dos, esta obra se edita con los mejores deseos de

SU AUTOR.

PRIMERA PARTE

Si usted, mi querido amigo, quiere formar parte de un club de Whist[1] de primera categoría es de suponer que lo primero que esperarán de usted es que antes de solicitar su ingreso tenga ciertas nociones del juego. ¿No cree? Al menos deberá conocer las reglas más elementales, pues de otra forma no tendría sentido alguno que empezara a jugar contra jugadores experimentados.

Lo que es válido para el juego del Whist no lo es menos para el juego de Wall Street. En este último juego el aficionado que se adentra sin estudio ni conocimiento y que trata simplemente de adivinar el movimiento de los precios, o se ve influenciado por los consejos, chivatazos y cotilleos que puede leer en los periódicos y revistas financieras, o en los boletines y publicaciones de los agentes de bolsa, puede estar seguro que acabará perdiendo.

Si, ya le estoy escuchando argüir: *"pero la especulación en Wall Street no es un juego de azar o habilidad como un simple juego de naipes. La subida y bajada de los precios depende de leyes económicas, de las cosechas, de las guerras y los rumores de guerra, de los máximos y mínimos, del interés del dinero y de mil y un factor que no se pueden prever en absoluto"*. O quizás esté diciendo que *"el precio de las acciones está regulado por la ley de la oferta y la demanda, igual que el precio del algodón o del trigo o cualquier otra materia prima. Que comerciar con acciones es algo tan legítimo y honorable como comerciar con cualquier otra cosa. En cualquier rama del comercio se trata de comprar cuando los precios están bajos, y vender cuando están altos, y eso es precisamente en lo que consiste el mercado de valores"*.

Podemos replicar a su argumento diciendo que en él hay un poco de verdad y un mucho de sofisma. Los factores que menciona como determinantes del precio de las acciones tienen una indudable influencia pero, como verá antes incluso de terminar estas páginas, esos factores económicos no son la influencia determinante que dirige el curso del mercado de valores.

Quienes manejan el juego se aprovechan de estos factores y ajustan sus planes de acuerdo a ellos, pero el curso general del precio está determinado por la inteligencia humana y no por la suerte o las condiciones de la naturaleza.

Reflexionemos por un momento en el argumento expuesto por el apologeta del mercado de valores consistente en que se trata de un negocio tan legítimo como cualquier otro, y que se rige por las reglas económicas que rigen el comercio en general.

Seguro que existe un comercio de acciones completamente legítimo. Si alguien compra cien acciones de New York Central, o Western Union, o St. Paul[2] como inversión, con la idea de simplemente cobrar sus dividendos, nos encontramos ante una compra completamente legítima. Si pasado un tiempo esta persona necesita usar el capital invertido para cualquier otra cosa y vende sus cien acciones estará haciendo una venta comercial como cualquier otra. Si recibe un precio superior o inferior al que pagó para comprar las acciones su pérdida o ganancia será completamente legítima. Sin ningún género de duda, las bolsas y los mercados se crearon, para permitir y fomentar este tipo de comercio.

Pero en el momento actual (1898), el comercio de acciones como el que he descrito no constituye ni tan siquiera el cinco por cien del total de la negociación que se da en cualquier bolsa. El noventa y cinco por cien de la contratación es puramente especulativa y no tiene relación alguna con la inversión en valores.

Permitan que ponga encima de la mesa algunos datos que pueden servir para proyectar alguna luz sobre el asunto. Tomemos dos de las acciones líderes del momento: Sugar Co[3]. y St. Paul por ejemplo.

A lo largo del año, un número de acciones igual a la totalidad de acciones emitidas por American Sugar Co son compradas y vendidas en la **New York Stock Exchange (NYSE)** cada seis o diez días. Hay tan solo trescientas nueve mil acciones ordinarias de la Sugar, y en tan sólo quince días laborables, entre el 16 de febrero y el 16 de abril de 1898, se compraron y vendieron tres millones doscientas veintitrés mil acciones de esta misma empresa tan sólo en la NYSE. El valor de negociación de esos 15 días fue de alrededor de cuatrocientos millones de dólares. Si se sigue contratando al mismo ritmo durante todo el año, dos mil cuatrocientos millones de dólares en acciones de esa compañía pueden ser comprados y vendidos en la NYSE. El valor nominal total de emisión de dichas acciones es tan sólo de treinta y seis millones de dólares.

Lo peculiar de todo esto es que no importa cuántas veces se ha vendido y comprado el capital social de esta compañía representado en acciones en los cuatro últimos años y en las distintas bolsas, si no que no ha provocado o estado motivado por ningún cambio en la dirección de la compañía.

Sin embargo, esta manipulación de los precios y mera apuesta sobre las cotización de la acción se dignifica con el nombre de "negocio" y a los directores del juego, los manipuladores, se les llama "empresarios", "eminentes financieros" o "nuestros queridos banqueros y agente de bolsa".

"Este es un mundo loco, mi señor".

Pongamos otro ejemplo: el número medio de acciones ordinarias de St. Paul[4] que se compran y venden cada mes, un año tras otro, equivale al doble de todas las acciones emitidas por la compañía. Pero los inversores, aquellos que compran las acciones por el dividendo o para tener derechos de voto en las juntas de accionistas ¿cambian sus inversiones dos veces al mes?

Veamos otro dato que puede arrojar un poco más de luz sobre el asunto. Hay alrededor de ciento treinta acciones cotizando en la NYSE. En un año, cerca de dos tercios de todo el volumen de negociación se concentra en seis o siete acciones líderes. Algunos días la manipulación en tan sólo dos acciones como son Sugar y Tobacco[5] supone dos tercios de toda la negociación.

Ahora bien, ¿alguien puede explicar en base a qué naturaleza de las cosas, y como resultado de qué legítima demanda ocurre todo esto?; ¿por qué, por ejemplo, tan sólo menos de cien acciones de Chicago & Alton[6] pueden ser vendidas y compradas en un determinado día, y en ese mismo día se pueden negociar hasta setenta y un mil acciones de St. Paul, una acción de una empresa muy parecida?; si alguien puede explicar porque esta misma proporción de negociación se mantiene cada día del año; si alguien puede explicar todo esto en base a los principios fundamentales que rigen los negocios, estaremos dispuestos a admitir que la mayoría de la contratación de Wall Street es un negocio honorable y legítimo, dirigido por las leyes de la oferta y la demanda que controlan el comercio de patatas o copos de algodón. Pero hasta que dicha explicación no se produzca, seguiremos manteniendo nuestra opinión de que el noventa y cinco por ciento de los negocios de Wall Street forman parte de un juego.

Y como veremos más adelante, no se trata de un juego de azar, sino de un juego de habilidad.

Los certificados de las acciones no tendrían más valor que el del papel en el que están impresos si no fuera por el hecho de que representan el derecho a cobrar dividendos o a votar en las asambleas de la compañía. Todas las compraventas de acciones que no tengan como finalidad la adquisición de estos derechos son simples apuestas sobre si el precio de la acción subirá o bajará. Por ello el noventa y cinco por cien de la contratación de las bolsas de valores son, simplemente, una gran apuesta sobre el sentido de la evolución del precio de esas acciones.

Insistimos tanto en este punto porque el público que quiera jugar a este juego debe entender, desde el primero momento, qué tipo de juego es. Queremos dejar claro desde este mismo momento que este juego tiene una serie de reglas claras y concretas que el público debe estudiar y comprender muy bien.

Este juego no es un juego de azar sino un juego de habilidad, dirigido por hombres con gran inteligencia que controlan millones de dólares. Tan solo el dinero que mueve el pool de Sugar Trust Company, por ejemplo, es imposible de calcular.

No es nada raro, como hemos dicho, que se destinen a la compra y venta de esta acción entre doce y quince millones de dólares durante un sólo día, y eso tan sólo en la NYSE. Y dado que damos por supuesto que el Pool de Sugar Trust no es el único que negocia en esta acción, necesita tener controlado en todo momento el precio de la acción.

Consideramos que somos conservadores cuando afirmamos que los siete mayores Pools que controlan los movimientos de los siete valores más activos del mercado, manejan un capital de no menos de SESENTA MILLONES DE DOLARES en efectivo.

Sesenta millones de dólares es mucho dinero para arriesgarlo en cualquier tipo de juego.

¿Y quién financia todo esto?

Por supuesto los directores de los pools no se lo dirán. Pero puede aventurar que los "insiders" de las compañías industriales y de ferrocarriles, cuyas acciones son manipuladas por estos pools, en conjunción como ciertas personas cercanas a la dirección de grandes compañías aseguradoras, e incluso ciertos bancos de Wall Street, son los que suministran gran parte de estos fondos. Su deducción que no diferiría mucho, se lo aseguro, de aquella que pueda hacer cualquier observador atento de lo que ocurre en Wall Street. Es evidente que estas personas, que pueden manejar millones de dólares, son los socios silenciosos de todo este juego.

Ahora bien, el capital es conservador por naturaleza, y cuanto mayor es el capital más conservador es. El capitalista inteligente que controla estos pools no arriesgaría sus millones en un mero juego de azar. Los Wormser, los Flowers, los Keenes, los Havemeyers, los Hoffmans y otros directores de pool, no arriesgan su propio dinero o el de sus socios dejándolo en manos de la incertidumbre. Nada está más lejos de su intención que arriesgar todos esos millones.

Estos hombres controlan el juego absolutamente. Lo dominan de principio al fin, y tienen el capital y la habilidad necesarios para alcanzar sus objetivos a pesar de los posibles imprevistos que, para un observador superficial, pueden acontecer en el curso del mercado de acciones. No hay ninguna otra posibilidad que no sea que ellos ganen y que el público, finalmente, pierda. No sirve de nada, por tanto, pedir que se cambie de baraja o que se usen dados nuevos.

Cuando en las próximas páginas vean en los gráficos del mercado que los precios de la bolsa tienen un movimiento perfectamente predefinido, estarán en situación de entender que es la inteligencia humana, y no el azar, lo que controla el curso del mercado, y que los precios no suben y bajan por capricho o aleatoriamente, como supone el público.

Si resulta, pues, que el noventa y cinco por ciento de la contratación de Wall Street es puramente especulativa, meras apuestas sobre los precios, y si el curso de los precios está controlado por una puñado de mentes inteligentes ¿qué tipo de juego es éste?

Sabemos que los hombres que controlan los pools, o el dinero profesional[7], en Wall Street, y que viven en las mansiones de la zona alta y acuden a sus iglesias, se consideran a ellos mismos, y desean que el mundo les considere, "financieros". Pero antes de finalizar el libro les demostraremos que estos hombres y sus socios silenciosos son los directores del más fabuloso casino que el mundo nunca haya visto jamás.

Se trata de un juego donde las ganancias y las pérdidas son de uno a dos millones de dólares al día; un juego que, tan solo en New York City, da empleo a más de diez mil hombres inteligentes como agente de bolsa, empleados y asistentes.

Un juego del que recibimos información gratuita, y en grandes cantidades, en cada prestigioso periódico del país, bajo la cabecera de "Mercados Financieros", "Noticias de Wall Street" o cualquier otro digno titular.

Un juego en el que el beneficio para los agente de bolsa y los profesionales es más de mil millones de dólares al año, la mayoría de los cuales provienen directamente de los bolsillos del público.

¿Les parece esta última afirmación algo extravagante?

Tengan en cuenta que hay mil cien miembros de la NYSE y mil ochocientos miembros la Consolidated Exchange[8]. No todos son miembros activos, y por otra parte muchos de estos hombres utilizan un pequeño ejército de empleados y asistentes en sus oficinas.

Tenga en cuenta que el año pasado ciento cuarenta y tres millones setecientas diez mil acciones fueron compradas y vendidas en estas dos bolsas, el valor nominal de esas acciones fue de cuarenta mil trescientos setenta millones de dólares. Las comisiones por estas transacciones deben sumar una bonita cifra.

Ahora bien, negociar con cien acciones comprándolas y vendiéndolas no añade nada al valor intrínseco de la compañía o aumenta los dividendos de la acción, porque esas transacciones no añaden nada en absoluto a los beneficios de la empresa cuyas acciones se están negociando. Pero en cada contrato el agente de bolsa ha recibido su comisión, y cada diez transacciones diez comisiones han salido de los bolsillos de alguien para ir a parar a los del agente de bolsa. ¿De qué bolsillos provienen esas comisiones? Lo que es seguro es que no son fruto de trabajar la tierra, como los beneficios recibidos de producir trigo, maíz, algodón u oro.

Las comisiones de los agente de bolsa tan solo pueden proceder directamente de los bolsillos del público que opera con acciones. Esas comisiones son una tajada que se llevan los agente de bolsa, y es el público quien debe perder lo que los agente de bolsa van a ganar. Pero esto no es todo lo que pierde el público. Hay tres grupos de personas a tener en cuenta en la operativa de Wall Street: los llamados "Pools"[9] o "dinero profesional", los Agente de bolsa y el Público. Demostraremos que los agente de bolsa se llevan una suma muy elevada cada año. Pero ¿Cuanto más se quedan los profesionales y los insiders[10]?

No hay forma alguna de calcular el monto total que los profesionales pueden embolsarse cada año, al menos hasta donde nosotros sabemos. Si sabemos que estos hombres son inteligentes y exitosos y que no están en el mercado por amor al arte. Creemos no estar errando mucho en nuestros cálculos si decimos que los profesionales y los agente de bolsa, de forma conjunta, pueden embolsarse más de cien millones de dólares cada año que salen directamente de los bolsillos del público.

Se trata de una suma igual a la de las pérdidas anuales sufridas en Estados Unidos a causa de los incendios.

¿No es un juego maravilloso? Ninguna lotería del mundo, pública o privada, puede compararse con este juego.

Reflexione profundamente sobre todo esto. El comercio de acciones es improductivo. El granjero que vende el trigo que cultiva, o el tocino de los cerdos que cría, o el algodón que recolecta, aporta al mundo algo tangible a cambio del dinero que recibe. El minero aporta algo a la riqueza mundial real. El ingeniero aporta más fuerza y potencia al mundo. El profesional trata de solventar las enfermedades físicas, económicas o espirituales. Todos ellos están realizando negocios completamente legítimos.

Pero el especulador de acciones no aporta nada a la riqueza del mundo. Está involucrado en un mero juego de apuestas. Es simplemente un parásito. Al final el rudo granjero, con sus grandes botas y su ropa parcheada, es una figura mucho más noble y un ciudadano mucho más útil que el presumido "rey de las finanzas" que manipula el juego de Wall Street.

Y que conste que no tenemos ningún prejuicio contra el especulador en acciones y los operadores profesionales en general. Simplemente creemos que hay que llamar a las cosas por su nombre. Y pensamos también que es fundamental que si va a entrar en este juego a pesar de todo, entienda cual es la naturaleza del mismo.

Le vamos a explicar cómo se juega, pero antes queremos que considere por un momento lo que las pérdidas en Wall Street significan. Debe, antes que nada calcular sus probabilidades de ganar o perder y lo que van a suponer estas pérdidas en caso de que se produzcan.

¿Se ha parado alguna vez a pensar cuánta ruina trae a aquellos que pierden cientos de millones de dólares en las bolsas mundiales? ¿Cuánta ansiedad y desesperación infunde para algunos? ¿Cuántas noches de insomnio? ¿Cuántos bancos y corazones quebrados? ¿Cuántas tumbas de suicidas?

Los que han estudiado el tema saben que en ningún otro lugar se puede ver tanto sufrimiento y desesperación como entre los especuladores de Wall Street o la Chicago Board of Trade[11].

Tomemos como ejemplo la ruina causada por el Pool que manipula la acción de Sugar Trust. Si uno mira las estadísticas de cuantos cientos, posiblemente miles, de pobres desgraciados han quebrado bajo sus ruedas se quedará simplemente horrorizado. Cualquier agente de bolsa podrá decirle el nombre de muchos clientes que han perdido todo lo que tenían apostando en alas de los consejos y soplos mal intencionados del Pool de Sugar Trust[12]. Su juego es una pequeña quimera del oro para nosotros, a los que nos facilitan un sistema que nos permita acceder a amplios márgenes y dinero fácil y seguro. Nos referiremos a este pool frecuentemente porque simplemente es el más grande y activo del momento.

Los métodos utilizados por los otros pools son los mismos y la ruina que causan está en proporción al tamaño de cada uno de ellos.

COMO EVITAR LAS PÉRDIDAS.

Puede que se estén preguntando ¿Cómo puede el público evitar perder dinero en Wall Street?

Una buena forma es mantenerse fuera del juego.

Nos tememos, sin embargo, que ningún tipo de advertencia será suficiente para evitar que el público juegue en Wall Street, y por ello, la única forma de salvar a los corderos que van al matadero es enseñarles los trucos que se utilizan en este negocio y algunos de los principios del juego, para que las pérdidas que sufran estos inocentes sean lo más leves posibles.

Tengan siempre presente, como ya hemos dicho, que no estamos tomando partido contra la especulación. Este no es un libro sobre moral. Simplemente les estamos exponiendo los datos con total frialdad, pues si está dispuesto a entrar en el mundo de los mercados financieros debe saber exactamente donde se está metiendo. Debe entender, sin ningún género de duda, que está entrando en un juego donde como no sea inteligente va a perder mucho dinero, y su pocos dólares pasarán a formar parte de los cientos de millones de dólares que se pierden cada año en Wall Street. Y tenga en cuenta que cuando pierde su dinero no solo pierde el dinero sino también su salud y su felicidad. No hay ningún otro negocio en el mundo que, gane o pierda, le vaya a exigir tanto a su fortaleza espiritual, intelectual y física como la especulación en Wall Street.

¿QUIÉN PARTICIPA EN EL JUEGO?

Quizás sería mejor preguntarse ¿Y quién no lo hace?

Tenemos un amigo que tiene una oficina de agente de bolsa en Washington. Su firma tiene estrechas conexiones con la cámara del senado. Y nos jura solemnemente que más de la mitad de los senadores, en un momento u otro, han sido clientes de la firma. Si esta afirmación es verdadera o falsa no lo sabemos.

Es un lugar común, tanto en Wall Street como en los periódicos, que cuando Mr. Cleveland[13] fue presidente, especuló, y mucho, por medio de su amigo el agente de bolsa Mr. C.E. Benedict. La gran fortuna de Mr. C una vez retirado de la presidencia se supone que tiene su origen en los negocios que llevó a cabo por medio de Mr. B en el mercado de acciones. No tenemos una opinión formada sobre estos asuntos. No obstante, creemos que más pronto o más tarde se deberá dictar una ley para evitar que los miembros de la legislatura y del congreso puedan especular con valores, porque cualquier cosa que se discuta en el congreso o el senado va a tener posteriormente una gran influencia en el mercado y el precio de los valores. Que "el dinero profesional" y otros grupos utilizan el Congreso y el Senado directa o indirectamente como ayuda en el juego es algo de lo que no cabe duda alguna.

Después de una cuidadosa y profunda investigación podemos asegurar que más de la mitad de los profesionales de nuestras mayores ciudades participan en el juego. Y también que una gran parte de los empresarios del país lo hacen. De hecho no existe ninguna persona que sea alguien en los más selectos círculos de nuestra sociedad que no admita haber especulado en bolsa alguna vez.

Es por todos conocido que existen más de 7000 **"bucket shop"**[14] a lo largo y ancho del país, además de diez o quince mil oficinas de agente de bolsa fuera de la ciudad de New York, todas ellas negociando con los valores de la NYSE o la bolsa de Chicago, y la mayoría de ellas tienen como clientes a los principales empresarios y profesionales de este país. De ahí que acabemos por preguntarnos ¿Y quién no juega a este juego?

Bien, si después de reflexionar y considerar todo lo dicho sobre este negocio continúa deseando formar parte de él, queremos en primer lugar llamar su atención sobre ciertos principios generales, y darle después ciertas reglas especiales que le ayudaran a jugarlo con éxito.

SEGUNDA PARTE

Una de las primeras cosas que debe saber es que sólo

SIETE U OCHO CARTAS MARCADAS

son las que realmente se utilizan para jugar a este juego.

Siete u ocho valores, de entre más de las cerca de ciento cincuenta acciones admitidas a cotización, concentran tres cuartas partes del volumen de operaciones bursátiles que se realizan regularmente. Hará bien en concentrar su atención en estas acciones y mantener tan solo esas cartas en su mano. Estas son las acciones que son manipuladas por los grandes pools y el dinero profesional. Si echa un vistazo a la columna rubricada como "número de títulos vendidos" en los resúmenes diarios de las páginas financieras de la prensa, no tendrá dificultad alguna en ver cuáles son las acciones que manejan estos profesionales.

Durante los últimos cinco años, Sugar ha sido la acción líder. Tobacco en ocasiones es la segunda, y St. Paul es una buena candidata al tercer puesto; Burlington y Rock Island vienen detrás. También Manhattan, Chicago o People's Gas y Union Pacific preferred. Todas ellas constituyen las principales cartas de los profesionales hoy en día. Hubo un tiempo en que Aitchison, Reading, Lackawanna, Missouri Pacific[15] y otras acciones fueron usadas como principales; pero fueron descartadas por la mayoría y ahora se han visto sustituidas por estas otras.

Periódicamente se van tomando nuevas cartas y se abandonan las antiguas, pero al final del año únicamente se habrán utilizado esas siete u ocho cartas como triunfos, y el noventa por cien de las transacciones se habrán realizado con ellas. No obstante, hacia el final de una campaña, tanto en el lado alcista como en el lado bajista, las restantes acciones también pueden negociarse intensamente.

Para tener éxito en este juego debe estudiar la manipulación que se hace en estas acciones líderes. Limite sus operaciones a ellas.

POOL STOCKS (ACCIONES PRINCIPALES) Y SPECIALTIES (ACCIONES SECUNDARIAS).[16]

Así pues, como decíamos hay siete u ocho acciones principales manejadas por los grandes pools y el "dinero profesional" que podemos denominar "acciones principales", al resto se les puede llamar "acciones secundarias".

¿Debemos negociar con las acciones principales o con las secundarias?

Durante el comienzo y la primera mitad de cualquier campaña, apueste únicamente por las acciones principales. Estas acciones serán las primeras en moverse y tendrán el progreso más rápido al alza o a la baja. Son los líderes, el pelotón de choque, tanto en los avances como en los declives, y las otras son simplemente las reservas.

Cuando Sugar y otras acciones principales avanzan diez o quince puntos, las secundarias puede que tan sólo se muevan tres o cinco. Cuando las líderes estén cerca del máximo entonces las retrasadas empiezan a subir entre gritos de victoria y hurras triunfales. Invierta primero en las acciones líderes y después, con los beneficios obtenidos con ellas, puede hacer una ronda con las secundarias al final de la campaña. No invierta en nada que no esté activo y no tenga un volumen diario de negociación que demuestre esta actividad.

Hay otras acciones que sin ser exactamente secundarias son acciones que se mueven tardíamente: Missouri Pacific, Louisville y Nashville, o Western Union[17] son de estas acciones. Cuando después de una semana de subidas observa que Missouri Pacific de repente se activa y empieza a subir, puede estar seguro que de inmediato habrá un descanso o una corrección en las acciones líderes. Y cuando al final de la campaña, ya sea alcista o bajista, Missouri Pacific se vuelve muy activa y hace grandes movimiento, puede estar seguro de que el final no está muy lejos. Es una señal inequívoca. Missouri Pacific es la "Black Horse Cavalery"[18] que galopa para cubrir la retirada de los líderes.

LOS PROFESIONALES

Encontramos muchas personas que dudan de nuestra afirmación de que son los profesionales quienes dirigen y controlan los grandes movimientos de las bolsas. Demostraremos más adelante con gráficos y diagramas que cada año el movimiento del mercado de acciones es el resultado de planes ocultos y preestablecidos, y que los movimientos generales de las acciones siguen un curso planeado con una antelación de seis meses a un año. Demostraremos que los mismos o similares planes son seguidos año tras año, y que su estudio cuidadoso puede crear una idea tolerablemente acertada de la dirección general que el mercado puede seguir durante un determinado periodo de tiempo.

Esto no quiere decir que podamos predecir dónde estarán y cómo se moverán los precios un determinado día del año, pero puede mostrarnos el objetivo que los directores de los pool están buscando, y dado que éstos controlan grandes capitales y son los más hábiles financieros del mundo, puede estar seguro que la campaña terminará teniendo éxito más tarde o más temprano.

UNA CAMPAÑA[19]

Cualquier persona que eche un vistazo a la forma en que se especula en Wall Street llegará a la conclusión de la gran similitud que existe en la forma de comportarse los especuladores profesionales cada año y el curso de una campaña militar dirigida por un gran general. Tomemos como ejemplo una campaña alcista.

Por lo menos vemos dos campañas cada año en Wall Street, una alcista y otra bajista[20].

La campaña alcista se inicia justo después de que finalice con éxito la campaña bajista. Empezará cuando los precios estén bajos, y cuando el público general tenga un claro sentimiento bajista. En ese momento todas las noticias que nos lleguen tendrán un claro sesgo bajista (los profesionales pueden manipular las noticias de los medios de comunicación tan fácilmente como manipulan los precios). Tendremos guerras o rumores de guerras; complicaciones de política internacional; altos tipos de interés y en general una gran debilidad en la economía. Aparecerán grandes nubes negras en el horizonte de las finanzas.

Ahora bien, si uno observa detalladamente las cotizaciones podrá ver que después de cierto tiempo manteniéndose estas condiciones sin embargo los precios han dejado de caer. Fluctúan, día tras día, arriba y abajo en un estrecho rango de precios, y ello ocurre por alguna razón. A pesar de las ventas continuas de los bajistas crónicos la caída se ha parado. No se produce ningún avance en el mercado y esto ocurre durante semanas: la campaña alcista ya ha comenzado.

En este momento los generales que manejan el dinero profesional están callada y secretamente movilizando sus fuerzas. En otras palabras, están acumulando acciones y guardándolas en sus cajas fuertes.

Estos hombres actúan bajo el principio de que el momento de comprar es cuando los precios están bajos y que el momento de vender es cuando los precios están altos. Los profesionales compran en las épocas malas y venden cuando todo parece estar bien. Las campañas alcistas se inician en la oscuridad y finalizan en la gloria. Empiezan en el suelo del mercado y finalizan en la cima.

Cuando este periodo de precios bajos que hemos mencionado lleva dos o tres meses de duración, y los profesionales se han asegurado una buena reserva de acciones, el mundo está preparado para que se inicie la subida de los precios. Una batalla tiene lugar entre alcistas y bajistas y finalmente los bajistas son derrotados y los precios avanzan.

Entonces puede producirse un contraataque que obligue a que los precios vuelvan a bajar temporalmente. Pero de nuevo un avance tiene lugar y esta vez va un poco más allá. El juego continúa, los precios suben y bajan, pero en general siguen subiendo.

Finalmente, hacia el final de la campaña, después de cuatro o cinco meses de un avance gradual del precio, el avance empieza a ser rápido y continuo, los bajistas se entregan con armas y bagajes, y los precios están en pleno boom, el público, incluidos los bajistas, están comprando como locos, todas las noticias y los indicadores apoyan la continuación de la subida, el volumen de transacciones es altísimo, y justo en ese momento, la campaña alcista finaliza.

Tomemos como ejemplo el curso de los precios en el año 1897. Durante el invierno y el principio de la primavera, St. Paul y Burlington, se estaban vendiendo por debajo de 70$, y Sugar entre 110$ y 112$; el resto de las acciones actuaban de forma parecida. Aquellos eran días oscuros, días difíciles en los que los bajistas parecían tener todo a su favor. Durante tres meses los precios se movieron arriba y abajo, morosamente, dentro de un estrecho rango de precios. El sentimiento general del público era claramente bajista. En ese momento publicamos que Sugar, que se estaba vendiendo alrededor de 112$, podría llegar a venderse a 137$ durante el verano. Llegamos a dicha conclusión tras el estudio de los gráficos que reflejan la variación del precio de esa acción. Por supuesto se rieron de nosotros todo lo que pudieron. En mayo comenzó el avance y continuó lento pero constante. El precio fue subiendo y bajando, pero cada mes vimos un nuevo máximo. Tomemos los máximos y mínimos del precio de Burlington desde abril a octubre como ilustración.

	ABRIL	MAYO	JUNIO	JULIO	AGOSTO	SEPT
MINIMO	69	72	77	81	87	96
MAXIMO	78	77	85	89	99	102

A mediados de septiembre ambas acciones, tanto St. Paul como Burlington, se estaban vendiendo a 102$, un avance de 30 puntos, y Sugar alrededor de 155$ (Nos atrevemos a decir que mucha gente que estaba en el lado corto en Sugar a 112$ en primavera y se rieron de nuestra predicción, estaban largos a 150$ en agosto, y prediciendo que el precio llegaría a 175$. El precio se desplomó a 109$).

Y cuando en el otoño pasado los días eran brillantes y todo el mundo era alcista estábamos al final del avance. ¿Por qué?

Porque el "dinero profesional", que había comprado St. Paul y Burlington alrededor de 70$, y Sugar alrededor de 110$, cuando la situación tenía muy mala pinta, habían vendido después de un avance de 30 o 40 puntos cuando las cosas parecían ir de la mejor manera posible. ¿Puede haber una mejor explicación del final de la subida del precio?

Cualquiera que sea la excusa que se le quiera dar a la subida del precio el pasado otoño, la verdadera razón es que al comienzo de la primavera los profesionales tenían las acciones y el público estaba corto. En el otoño el público tenía las acciones y los profesionales estaban en el lado corto del mercado.

El curso de los precios en 1897 no fue una excepción sino la regla. En 1896, "año presidencial", hubo dos claras campañas alcistas y dos campañas bajistas. La primera campaña alcista comenzó en enero y finalizó en junio. La segunda comenzó en agosto y culminó en noviembre.

Por regla general suele haber tan solo una campaña alcista y una campaña bajista cada año, y cada una de ellas suele durar seis meses.

Este es uno de los datos más importantes a tener en cuenta si está pensando en embarcarse en el tormentoso mar de la especulación en Wall Street. No queremos decir que cada campaña alcista y cada campaña bajista duren exactamente seis meses. Tampoco que cada campaña vaya a comenzar siempre en las mismas fechas cada año. Estamos poniendo de manifiesto principios y reglas generales con las cuales podrá estudiar por sí mismo la filosofía de la especulación.

Coja los datos históricos de las cotizaciones de la bolsa del último año y medio y lo verá claro.

La primera semana de noviembre de 1896, los precios marcaron un máximo. Ahora, en marzo de 1897, después de seis meses de caída, están rezongando en el fondo, subiendo y bajando, pero sin marcar ningún nuevo mínimo y sin un avance aparente.

En abril de 1897, los precios empezaron a serpentear al alza. ¿Cuándo llegaron a la cima? Alrededor de mediados de septiembre o cerca de seis meses después. Desde ese momento los precios empezaron a declinar y en febrero de 1898, después de otro periodo de seis meses, volvieron a marcar un suelo y se quedaron dragándolo hasta finales de abril. En el momento de escribir estas líneas, mayo de 1898, han comenzado un avance que presumiblemente culminará en septiembre u octubre de este año. Quitando 1896, dado su carácter de "año presidencial" por lo que tuvo dos campañas en cada lado del mercado, puede usted concluir que los precios en los mercados de acciones se han movido con movimientos similares a los anteriormente mencionados cada año durante los últimos veinte años.

Un examen del curso de los precios en los últimos cuatro años, empezando después del pánico de 1893, nos muestra lo siguiente:

1894 suelo en marzo, techo en agosto.

1896, dos distintas campañas, campaña nº1, suelo en enero, techo en junio; segunda campaña, suelo en agosto y techo en noviembre.

1897, suelo en abril, techo en septiembre.

1898, suelo en marzo; máximo....

De todo lo anterior, podemos sacar la conclusión de que todas estas campañas, salvo las dos de 1896, tuvieron una duración de seis meses.

Recuerde siempre lo que hemos dicho antes: en materia de especulación las reglas no pueden tomarse como algo rígido e inamovible. Siempre hay excepciones a toda regla, y está claro que también existen excepciones a esta. Pero si estudia detenidamente las siguientes páginas, y en especial el precio y el volumen, obtendrá ideas que le podrán ayudar a la hora de juzgar la tendencia del mercado a fin de saber cuándo salir de él, cuando tomar una posición alcista, y cuando una bajista.

Le vamos a dar una pista ahora, basada en lo dicho anteriormente.

PISTA NÚMERO UNO

Después de que los precios hayan caído durante cuatro o cinco meses y empiecen a estabilizarse, comparativamente hablando, tan sólo moviéndose arriba y abajo en un estrecho rango de precio, no se le ocurra tomar posiciones bajistas en el mercado. En ese momento todo parecerá malo. Los periódicos financieros y los agente de bolsa serán todos bajistas. Habrá miles de razones aparentes para que las acciones sigan cayendo y para vender, pero no venda. Ese movimiento lateral será la causa de que el próximo movimiento de los precios sea alcista.

Porque es en ese preciso momento cuando los profesionales están acumulando acciones y lo que quieren es comprar sin que los precios suban. Compran silenciosa y secretamente. Los elevados tipos de interés del dinero no les detienen, pues pueden pagar por sus acciones y guardarlas el tiempo que haga falta. Cuanto peor sea el panorama más venderán los bajistas y más barato podrán los profesionales comprar las acciones que necesitan. Después de dos o tres meses de este tipo de negociación los profesionales deciden abrir la campaña alcista y entonces el avance comenzará.

¿Cómo sabremos que el avance ha comenzado? Esta pregunta la contestaremos ahora y es la

PISTA NÚMERO DOS

Después de que el mercado se haya comportado durante cierto tiempo de la forma antes descrita, llegará un día o dos en los que veremos que se paraliza completamente. Quizás tan solo cincuenta o sesenta mil acciones se negociarán esos días. Todo el mundo empezará a hablar de la "mortal monotonía de la bolsa". En ese momento puede comprar acciones con total seguridad y mantenerlas en previsión de una buena subida.

El 27 de abril de este año (1898), el mercado de valores se quedó tan paralizado que tan solo setenta y dos mil acciones se negociaron en la NYSE, y la mitad de ese número en la Consolidated Exchange.

Era una señal de que el avance iba a comenzar en pocos días y dimos el consejo a nuestros amigos de que comprasen acciones y las mantuvieran. Dos días después el avance estaba en marcha, y en una semana la media de transacciones en la NYSE llegó al monto de trescientas o cuatrocientas mil acciones al día.

Algunos días antes el precio de St. Paul había estado subiendo y bajando entre 84$ y 87$. El día 27 llegó a los 85$. Al día siguiente abrió a 85$ y empezó a subir. El 9 de mayo el precio de St. Paul era 96$ y setenta y un mil acciones de esta compañía se negociaron ese día.

En diez días el precio de esta acción avanzó once puntos. En el mismo espacio de tiempo Sugar avanzó dieciocho puntos, Rock Island dieciséis, Burlington y Quincy doce puntos.

Y algunos dirán *"¡oh!, este avance se debe a la victoria del Almirante Dewey en Manila"*[21]. Puede que la rapidez del avance tenga dicha causa, pero no el avance en sí mismo. La causa real es que los profesionales habían estado comprando la acción durante dos meses y estaban preparados para hacer avanzar los precios.

El mismo fenómeno, es decir, un periodo de más o menos estancamiento de los precios y luego un día o dos de paralización total, han precedido cada campaña alcista en los últimos diez años, al menos que nosotros sepamos.

La explicación de este fenómeno es muy simple. Como hemos dicho, los profesionales han estado comprando acciones y los bajistas vendiéndolas durante semanas. Al final los bajistas se han cansado de vender acciones. Cuando los bajistas cesan la venta no hay más transacciones. Por eso viene el estancamiento, seguido del mercado alcista.

PISTA NÚMERO TRES

Si es importante saber cuándo entrar en un mercado alcista, es igualmente importante saber cuándo salir y tomar posiciones en el lado bajista.

Le dimos la siguiente pista en la anterior explicación: *"una campaña alcista empieza en la penumbra y finaliza en la gloria"*. Queremos decir con ello que la campaña alcista finalizará cuando los precios estén subiendo rápidamente, y el volumen diario de transacciones es enorme. El volumen de transacciones debe ponernos en guardia.

Pasados cinco o seis meses desde de que el precio estuvo en el punto más bajo de su cotización, después de que se haya producido un buen avance y el mercado alcista está levantando gran entusiasmo, veremos tres días de un rápido avance de los precios con gran excitación y enorme volumen de contratos.

El grito universal será *"tenemos un mercado alcista imparable"* y se desatará una auténtica locura por las acciones. Pero las pirámides de acciones que se han ido construyendo en el lado alcista están preparadas para darse la vuelta y la caída será tremenda.

Recuerde que este consejo es aplicable sólo si la campaña alcista ha durado cinco o seis meses desde que lo precios despegaron del suelo del mercado. En ese momento cierre sus posiciones y váyase de vacaciones para mantener la cabeza fría. Si se queda junto a la escena acabará siendo hipnotizado por el entusiasmo y tentado a hacer una entrada más en el lado alcista.

Ahora, para ilustrar la realidad de las pistas número uno y dos vamos a ver alguna estadística. Relea de nuevo estas pistas y luego reflexione sobre los siguientes datos.

Durante los dos meses anteriores a la campaña alcista de 1897, iniciada los meses de marzo y abril, hubo en número redondos, unos ocho millones de transacciones de acciones en la NYSE. Eso se producía en el momento en que los precios estaban bajos y lo profesionales estaban acumulando acciones sigilosamente.

Seis meses después, en la misma bolsa, las transacciones durante los meses de agosto y septiembre se elevaron a veinticinco millones de contratos por un importe de dos mil millones y medio de dólares. Esto ocurría en el momento en el que los precios eran altos y el público era inducido a arrancar las acciones de las manos de los profesionales tras un avance de veinte a cuarenta puntos.

ACUMULACION-DISTRIBUCION

Y es que toda la filosofía del juego de Wall Street se resume en estas dos palabras.

Los profesionales primero acumulan acciones. Ya hemos explicado cuando y como lo hacen.

Una vez han acumulado suficientes acciones las mantienen y gradualmente manipulan el precio para que suba. No pueden descargar las acciones acumuladas sobre el público de forma brusca, pues corren el riesgo de que el precio se gire antes de que las acciones hayan desarrollado toda la potencial subida. La distribución les llevará uno o dos meses desde el momento en el que los precios hayan llegado casi a la cima del movimiento alcista convenciendo al público no profesional de que les arrebate las acciones de sus manos. El público debe ser inducido a comprar de todas las formas y maneras conocidas posibles por los inteligentes directores del dinero profesional.

Como regla general el público tiene más dinero y, consecuentemente, más ganas de comprar en otoño que en primavera. Por ello la regla es que las campañas alcistas se inician en primavera y finalizan en otoño, cuando el público está predispuesto a comprar acciones.

Como hemos dicho antes, los profesionales después de acumular las acciones suben los precios y los mantienen altos hasta que han cerrado sus posiciones largas.

Para ello utilizan las columnas financieras de los periódicos, los boletines y confidenciales financieros, los informes económicos y empresariales, cualquier truco que pueda desatar el entusiasmo del público. Entonces los profesionales pueden empezar a distribuir sus acciones. Cuando esta distribución se ha producido nada puede impedir la debilidad de los precios o, lo que es lo mismo, del mercado. El aumento de los beneficios de las compañías ferroviarias o de las cosechas son puestos en duda. Lentamente al principio, pero con seguridad, la marea va perdiendo fuerza.

Después de cierto tiempo las noticias y los informes que hasta ese momento eran de color rosa empiezan a mostrar ciertas sombras y dudas. Se introducen propuestas en el congreso que tratan de interferir en el tráfico ferroviario o alterar la cotización de la divisa. Son propuestas introducidas por los agentes del dinero profesional sin ninguna expectativa de que fructifiquen. Les basta con el efecto indirecto de su difusión. Las columnas financieras de la prensa diaria reflejarán, como un espejo, estas noticias, y después de algunos meses los precios caerán al punto donde los profesionales puedan volver a empezar la acumulación.

Un movimiento de estas características debe producirse necesariamente al menos una vez al año. Si los precios subieran continuamente, en un año o dos estarían fuera del alcance de cualquiera, incluidos los profesionales. Los precios han de bajar para que los profesionales puedan comprar de nuevo las acciones que vendieron antes ahora a un precio razonable.

Esto no quiere decir que los precios después de una subida vayan a bajar hasta los mínimos del año anterior donde empezó la subida. Desde 1893 muchas acciones han estado, y continúan estando, en el lado alcista. Cada año ves tanto mínimos como máximos más altos que los del año anterior. Esto es especialmente cierto en la acción de Sugar, como podemos ver en la siguiente tabla:

	MÍNIMO	MÁXIMO
1894	75$ FEBRERO	114 $ AGOSTO
1895	86$ ENERO	121$ JUNIO
1896	1ª Campaña 79$ ENERO 2ª Campaña 95$ AGOSTO	1ª Campaña 125$ JUNIO 2ª Campaña 125$ NOVIEMBRE
1897	110$ ABRIL	159$ SEPTIEMBRE

Todo el país ha estado en un movimiento alcista desde 1893, y los profesionales se han aprovechado de ello para ejecutar los planes de sus campañas.

El punto más bajo alcanzado por el precio no es el punto de acumulación, o el precio al que los profesionales han comprado la mayor parte de sus acciones. Una vez que los profesionales han llevado el precio de la acción allí donde pueden acumular las acciones, pueden permitirse el lujo de inducir temporalmente que el precio baje más aún[22].

Y al final del movimiento largo, al finalizar una campaña alcista, los precios son llevados temporalmente más allá del punto de distribución[23]. Esto lo podrán comprobar por si mismos si examinan los gráficos recogidos en las últimas páginas del libro.

ACUMULACION Y DISTRIBUCION

Así pues este es el punto clave de los movimientos del precio en los mercados de valores. Una vez que tenga esto claro en su cabeza todos los misterios le serán desvelados.

Porque el juego de Wall Street es **UN JUEGO DE LA NATURALEZA HUMANA**

Los que manejan el dinero profesional son personas que estudian las cosechas y la política interna e internacional, así como la legislación y las finanzas. Saben cuándo es el momento de iniciar una campaña alcista o bajista, y cuando la deben finalizar. Saben cuándo las condiciones naturales pueden asegurarles un movimiento lo suficientemente amplio y cuando deben conformarse con un pequeño movimiento, adecuando sus planes a estas condiciones. Miran a largo plazo, estudian todos estos datos, pero especialmente estudian la naturaleza humana.

Juegan con las esperanzas y los miedos del público a través de sus agentes de prensa, las bolsas y las cámaras legislativas, igual que un organista toca su instrumento. No es un juego difícil para ellos porque son los que lo dirigen. Las cartas que usan están marcadas de forma que no juegan a ciegas. Pueden usar, y de hecho lo hacen, las mismas tácticas a gran escala cada año porque los fundamentos del movimiento del precio son siempre los mismos: Acumulación y Distribución. Pero es que además no tienen ni que esforzarse en cambiar sus estrategias y trucos porque el público especulador es tan miope que pueden usar el mismo cebo año tras año. En los apéndices hemos puesto un esquema titulado "La trampa de Sugar" que ilustra este punto.

Ahora que ha entendido los principios y fundamentos del juego le queremos dar algunas pistas prácticas que le permitirán jugarlo de la forma más segura posible.

ESPECULACIÓN: UN ESTUDIO CIENTÍFICO

No debe jugar este juego al azar. Si finalmente decide jugar, debe realizar el más cuidadoso y profundo estudio del mismo, tal y como el experto jugador de whist lo hace con las reglas de ese juego de naipes. Debe elaborar un gráfico de los movimientos del precio de las principales acciones, aquellas cuyos volúmenes son los mayores día tras día, de la forma mencionada e ilustrada suficientemente en este libro. Este gráfico le dirá qué están haciendo los profesionales en cada una de las acciones que siga. Si "Una acción vale más que mil palabras" la fluctuación del precio es el reflejo de las "acciones" de los profesionales.

Los "generales" del dinero profesional, por regla general, no hacen confidencias al público. Y si lo hacen no podemos creer nada de lo que puedan decirnos sobre el devenir de los precios simplemente porque tenemos en demasiada estima la inteligencia de estas personas. Y aunque es posible que de vez en cuando nos den algún buen consejo, quienes los sigan y saquen provecho de ellos dos, tres o cuatro veces pueden verse finalmente atrapados. Los "soplos" para comprar pueden ser aprovechables al principio o a la mitad de una campaña alcista, pero se convierten en algo muy peligroso al final de estas campañas, cuando ayudan a los profesionales a deshacerse de las acciones que han mantenido en sus carteras hasta ese momento, y es en estas ocasiones cuando quienes siguieron los "soplos" iníciales y sacaron beneficio de ellos, ahora se verán engañados y atrapados al final del mercado alcista. El hecho de que el primer "soplo" haya sido bueno es lo que nos puede llevar a que finalmente hagamos caso del "soplo" fatal que nos llevará a la ruina.

Así pues, en lo relativo a los "soplos" y consejos únicamente podemos decir que no debe depositar confianza alguna en ellos, y mucho menos en los de aquellos profesionales que por diez o veinte dólares a la semana le dan el nombre de las acciones que se van a mover diez o veinte puntos arriba o abajo.

Porque al final, si lo piensas bien, todo es absurdo. Si saben qué acciones subirán o bajarán ¿Por qué no se dedican a negociar con ellas y forjar sus propias fortunas? En realidad se trata de una mera predicción, con la salvedad de que si usted la sigue será usted quien asuma el riesgo de la operativa además de pagar por un mero ejercicio de adivinación. Más aún, es sobradamente conocido que estos consejeros y sus previsiones son usualmente utilizados por los profesionales para articular sus campañas. Los profesionales les dan al principio algunos consejos ciertos y efectivos, solo para que los "asesores" embauquen al público haciéndoles creer que tienen un olfato infalible o una fuente fiable de información, para luego llevarles a donde ellos quieren.

Pero, si como decimos, elabora y mantiene un meticuloso gráfico de las variaciones del precio, y recuerda que estas variaciones no son fruto del azar sino el resultado de un plan previamente diseñado, tendrá una idea muy cercana de lo que realmente están haciendo los profesionales. Es cierto que estos gráficos son una evidencia circunstancial. Pero si actúa junto a los profesionales, con independencia de lo que haga o diga el público general, estará en el lado seguro del mercado.

Si le parece demasiado esfuerzo elaborar este gráfico y su estudio, no tiene nada que hacer en este negocio. El éxito en cualquier empresa o profesión requiere estudio, tiempo y paciencia, pero parece ser una creencia muy común que cualquiera puede empezar en el mundo de la especulación y hacer una fortuna de la noche a la mañana.

Pare y piénselo un minuto.

Si esa teoría fuera cierta, si los aficionados como regla general pudieran ganar, o si sólo la mitad de ellos lo hiciera, en un par de años no existirían ningún juego en Wall Street. Si el público en general pudiera sacar más dinero de Wall Street del que invirtió ¿quién pagaría los gastos del juego? Alguien debe perder, y si los que perdieran fueran los agentes de bolsa y los profesionales, abandonarían el juego en una o dos temporadas.

Si no va a ser uno de los perdedores, entonces debe ser más listo que su vecino o que el resto del público.

Debe mirar más allá. Debe entrar en el mercado cuando la mayoría piense que los precios van a caer, y debe salir del mercado cuando el público piense que el mercado va a seguir subiendo. Recuerde que cada vez que vende cien acciones tiene que encontrar otra persona con la intención y voluntad de comprarlas. Las cámaras de compensación no compran sus acciones, no crean el mercado. Cuando compra cien acciones no las compra por sus dividendos o para dejárselas a sus nietos, si no para venderlas de nuevo cuando suban de precio. El compañero que le compra a usted espera también venderlas tras una subida, o por lo menos espera que el precio será más alto. La contraparte que le compra a él también espera que el precio suba. Pero nadie compraría si pensara que el precio va a bajar. Así pues, si quiere colocar sus acciones debe vender cuando el público esté dispuesto a comprar. Si mantiene las acciones hasta que el precio llegue a la cotización que pensaba que podría alcanzar y que es la máxima que espera que alcance, y el público en general piensa igual, nadie será tan estúpido como para comprarle unas acciones que no van a subir más.

Los precios no pueden subir continuamente. Es un hecho irrebatible que se refleja en el gráfico de las cotizaciones, que a lo largo del año el precio tanto sube como baja. Este es un juego cuya regla básica es "empobrece a tu prójimo". En Wall Street está usted compitiendo contra su vecino, esté donde esté, y debe derrotarlo para ganar. Esta es la fría verdad de este juego, y si tiene cualquier tipo de problema emocional por jugar un juego así será mejor que se aleje de Wall Street.

PÁNICOS

Uno de los miedos que puebla la mente de los no profesionales en Wall Street son los pánicos. No estará de más decir unas cuantas cosas al respecto.

Un pánico real se ve cada veinte años aproximadamente. Ejemplos: 1837, 1857, 1873, 1893[24]. Después de un pánico real, como el de 1893, se suelen ver dos o tres años de incertidumbre y después la confianza se restaurará y el barómetro financiero vuelve a empezar a subir. Entre cada gran pánico suelen verse alrededor de dos ciclos más pequeños, o distintos períodos de prosperidad seguidos de depresiones. Un periodo de prosperidad y avance de los precios dura aproximadamente tres años. Luego el péndulo cambia y los precios empiezan gradualmente a declinar durante cuatro o cinco años.

Nosotros nos encontramos ahora en un periodo de prosperidad y subida de los precios que empezó en primavera de 1897. El máximo de los precios de las acciones es mayor cada año hasta que los precios se vuelvan a girar, seguramente en 1899.

El siguiente diagrama nos da una buena idea de cómo la prosperidad va y viene.

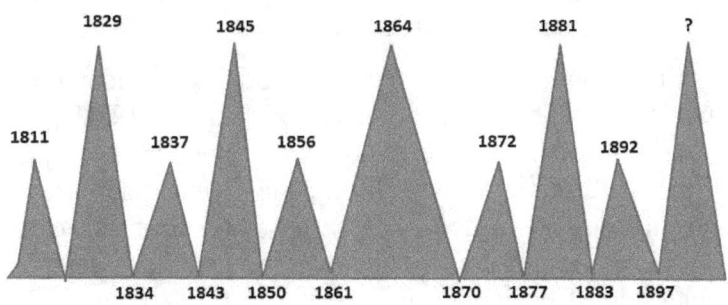

La historia se irá repitiendo en tanto en cuanto la naturaleza humana siga siendo como es. Los pánicos son enfermedades de la mente colectiva. Había más que suficiente sol y lluvia, más que suficiente tierra y semillas, más que suficiente dinero, y más o menos los mismos hombres y mujeres en este país en los años 1893, 1894 y 1895 que los tres años que precedieron al pánico. Las condiciones de la naturaleza no cambiaron, lo único que cambio fue la mente colectiva.

Dicho brevemente, la gente atribuye los pánicos a una causa en particular, como las leyes tributarias, el Clevelandismo, el patrón oro, o el libre comercio.

Pero la causa es mucho más profunda. Esas supuestas causas son solo la espuma de la ola. La verdadera razón de los pánicos es el carácter de la mente americana, la tendencia americana a dejarse llevar por los extremos, a pasar de la prosperidad a la inflación, de la inflación a las burbujas. Entonces llega el inevitable colapso y la iridiscente burbuja de jabón revienta en forma de pánico.

No habrá nuevos pánicos en el mundo de los negocios, ni tan solo alguno pequeño, durante muchos años desde estas fechas, y no grandes pánicos por lo menos en quince o veinte años[25].

PÁNICOS EN LAS BOLSAS DE VALORES

Durante muchos años no deben producirse pánicos en las bolsas de valores a excepción de aquellos creados artificialmente. Cada año, cuando los profesionales quieren de nuevo acumular acciones ponen en marcha un pánico artificial.

Tomemos este año como ejemplo. Se produjo un pánico entre los especuladores al inicio de la guerra entre España y EEUU. ¿Había alguna razón para ello? ¿Alguien podía creer que esa guerra podría perjudicar a este país? ¿Se extendió el pánico a cualquier otra rama de la economía o los negocios? Que nosotros sepamos no se ha producido ningún pánico entre los propietarios de bienes inmuebles o los depositantes de los bancos.

Pero los precios de las acciones, acciones ferroviarias con buenos dividendos, cayeron como si el país estuviera al borde de la ruina. Esto demuestra que se trató de un pánico artificial ya que los precios empezaron a avanzar tan pronto como la guerra fue declarada y mantuvieron un fuerte avance mientras la guerra continuó.

Sólo se producen pánicos en los mercados de valores cuando los profesionales están fuera del mercado. Cuando los profesionales tienen en cartera sus acciones no verán ustedes ningún pánico. Las acciones en ese momento son tan firmes y seguras como los bienes raíces. Y aunque todo lo dicho es tan solo una teoría nuestra, los hechos parecen estar de acuerdo con ella.

Cuando comienza una campaña alcista estará a salvo de los pánicos si permanece en el lado alcista del mercado con un buen margen. Si está operando con un margen pequeño se verá involucrado en pánicos cada día.

Una gran caída de los precios no se produce hasta que no hemos visto antes una gran subida del precio.

Valoramos nuestra teoría en lo que vale. No en vano el análisis de las cotizaciones nos dice que es correcta. No sabemos lo que el futuro nos puede deparar, pero sabemos que la naturaleza humana no ha cambiado siglo tras siglo.

FLUCTUACIONES

El estudio diario de las fluctuaciones del precio de las acciones, o lo que es lo mismo, del gráfico de sus subidas y bajadas, nos da la clave para entender este negocio en su conjunto.

Escoja cualquiera de las acciones principales y podrá observar que en un año el precio de la acción cambia cientos de miles de veces al día. Sin embargo su valor intrínseco o su rendimiento por dividendo[26] ha sido el mismo durante años.

Sugar Common es una notable ilustración de ello.

Esta acción ha estado pagando su 3% de dividendo trimestral desde principios de 1894 con tanta regularidad como cada estación del año sigue a la otra. El valor intrínseco o por dividendo no ha cambiado ni un dólar por acción durante cuatro años. Pero el precio de venta en las bolsas de valores no ha sido tan constante. En 1897 la acción de Sugar se vendía a 110$ la acción en primavera. Pocos meses después a 115$; y luego unos pocos meses después más, a 110$ otra vez. Siendo este último el precio visto en la primavera de 1898. Durante los doce meses de continuos cambios del precio la acción ha seguido siendo la misma, la empresa ha seguido dando los mismos beneficios y pagando regularmente sus dividendos de forma que realmente valía la pena ser propietario de esta acción tanto en un momento como en otro.

Entre estos dos extremos ¿cuántas fluctuaciones del precio cree que se han producido? ¿Se produjeron fruto del azar o fueron debidas a un plan claramente preconcebido?

Mientras que la gran mayoría de las pequeñas variaciones son sin duda fruto de la presión de los tres mil agente de bolsa que operan en ambas bolsas[27] para arrancar un pequeño beneficio unos a otros, cuando amplías la perspectiva al observar estos cambios se puede ver la mano maestra, la mente que controla las fluctuaciones y dirige el precio a través de este aparente caos hasta una meta predeterminada.

Si supiera alguna cosa sobre el Sugar Trust Pool sabría que sus dirigentes tienen el poder suficiente para llevar el precio de 110$ a 159$ en seis días en lugar de tardar seis meses en hacerlo, como suele ocurrir. Pero la gente de Sugar Trust no nació ayer. Mr. Havemeyer y sus amigos prefieren ordeñar la vaca (el público) antes que matarla. Manipulando el mercado de acciones cuidadosamente y con paciencia, no sólo obtienen su habitual rentabilidad del doce por ciento al año en dividendos, sino que también se llevan un doscientos por cien de los bolsillos del público especulador.

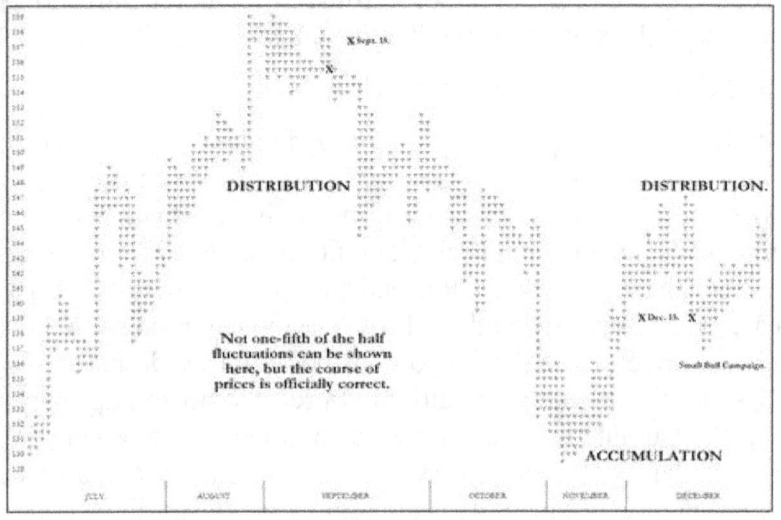

SUGAR 1[28]

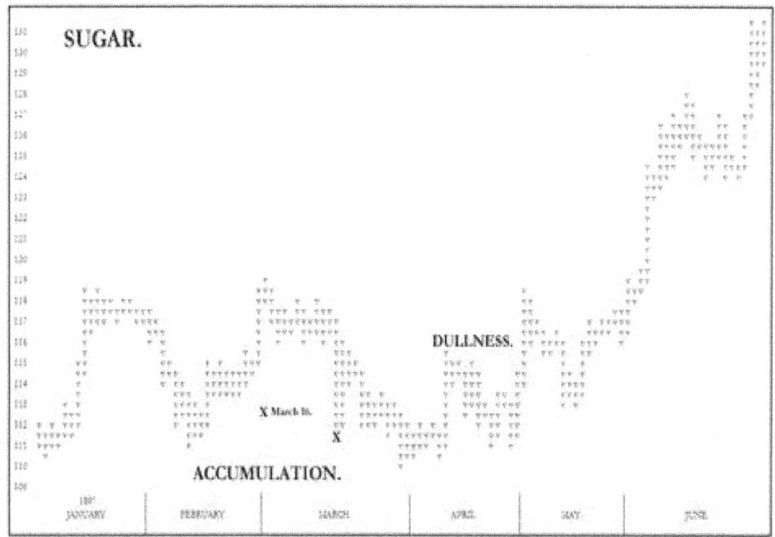

SUGAR 2

Así pues, ya puede suponer lo que la constante fluctuación del precio significa para los profesionales. Esas fluctuaciones son el humo y el polvo de la batalla que oculta a los hombres los planes de los generales en el fragor de la lucha. Volvamos al gráfico de fluctuaciones de un punto y medio en Sugar que vimos en las anteriores páginas, y veamos si hemos tergiversado o juzgado mal al pool de Sugar Trust y sus métodos. Podrá observar que se han producido cientos de fluctuaciones alrededor de cierto suelo. Es como la colocación de los cimientos del edificio; cuanto mayor sea el número de fluctuaciones cerca del suelo más alto será el edificio, es decir, más alto llegarán los precios.

Los movimientos de todos los profesionales se muestran a través de las fluctuaciones recogidas en las cotizaciones, y son similares a las que provoca el pool que maneja la acción de Sugar Trust. El estudio de la fluctuación de la cotización de St. Paul y Burlington es particularmente interesante, pero para ello nos remitimos a sus gráficos.

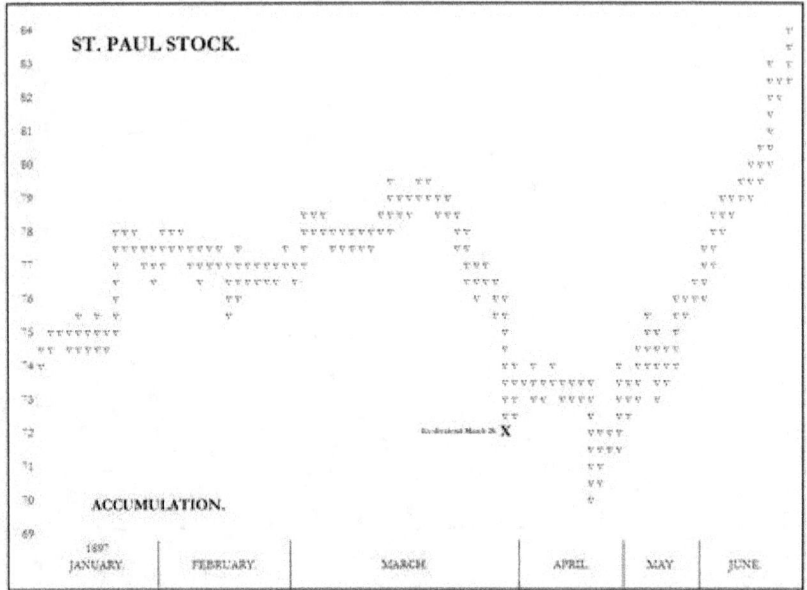

ST. PAUL 1

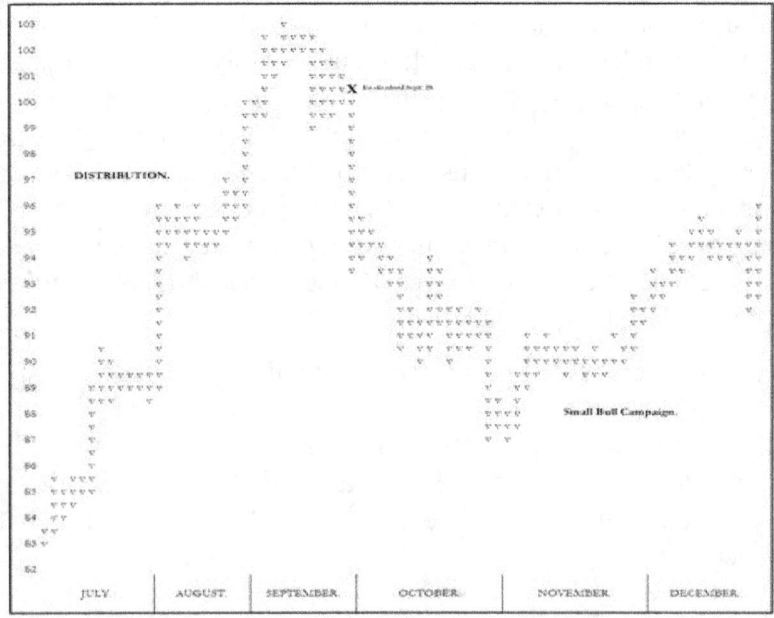

ST. PAUL 2

El juego de Wall Street

BURLINGTON 1

BURLINGTON 2

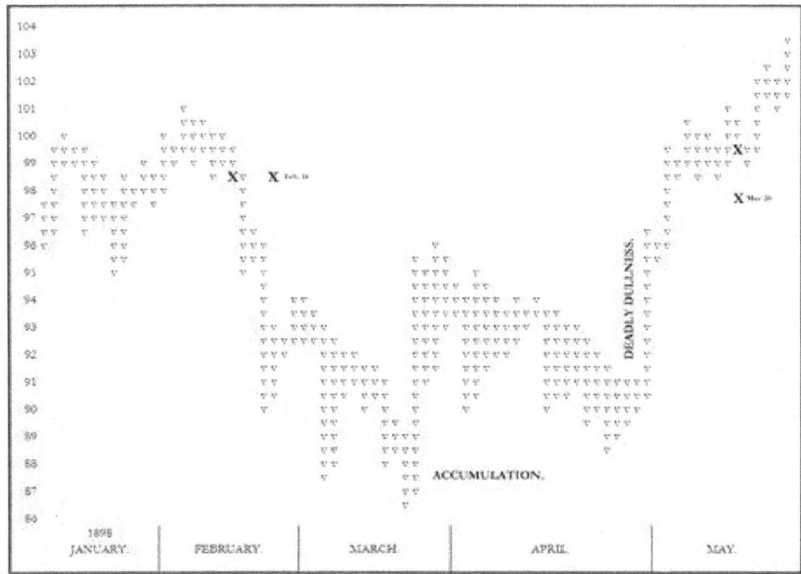

BURLINGTON 3

SISTEMAS DE ESPECULACIÓN

Frecuentemente se publicitan "Sistemas seguros" de especulación para jugar al juego de Wall Street.

Muchos, sino todos, aparentan ser efectivos hasta que les echas un vistazo más a fondo y descubres que tienen una gran debilidad intrínseca.

Todo sistema debería ser absolutamente automático y poder ejecutarse como si el operador fuera una máquina para que verdaderamente se le pueda dar el nombre de sistema. Es decir, quien lo ponga en práctica no debería tener una opinión sobre el mercado, o por lo menos no debería dejar que su opinión influyera en sus actos. Si empezara a guiarse por su opinión o creencias sobre el curso futuro del mercado dejaría de seguir el sistema y se guiaría por su propio juicio. Además, un sistema para ser seguro debe ser seguro en todo momento y ante cualquier emergencia. Una cadena es tan fuerte como el más débil de sus eslabones. Si se va a seguir un sistema éste ha de ser absolutamente seguro hasta el punto que uno pueda apostar hasta su último dólar si fuera necesario sin ningún temor a perderlo.

Después de un cuidadoso estudio de diferentes sistemas nuestra opinión es que, salvo que se tenga un capital ilimitado, todo sistema llega un momento en que te lleva a la quiebra, salvo que uno introduzca criterios propios y subjetivos al ponerlo en práctica. En otras palabras, ningún sistema por sí sólo es útil para una persona que tenga tan solo un capital moderado.

En nuestra opinión, un sistema es algo que ha de dar resultados de una forma segura y económica. Pero todo ingenio requiere un ingeniero, o, por lo menos una inteligencia para empezar en la dirección correcta y parar a tiempo. Alguien que sepa cuándo conviene ponerlo en marcha y cuando detenerlo o darle la vuelta. Y esto también pasa con los sistemas de especulación en Wall Street. Pensamos que todo amateur debe tener algún tipo de "sistema" de trading, pero debe usar su criterio propio al aplicarlo. Es decir, "sistema" y "cerebro" deben actuar juntos.

Sin duda hay numerosos sistemas que pueden funcionar si se ejecutan correctamente. Un especulador irlandés una vez nos pidió que le ayudáramos a solucionar un problema. Lo que le pasaba era que tenía dos o tres sistemas entre los que elegir. En resumen, nos dijo:

"Prueben cual es el mejor sistema, y si funciona no necesitaré el resto"

De entre todos los sistemas, el sistema de escalado simple fue el que escogimos. El sistema de escalado supone simplemente comprar o vender un cierto número de títulos o acciones cada punto o medio punto arriba o abajo en el avance o retroceso del precio, y tomar beneficios en cada una de las transacciones cuando se producen ganancias. Explicaremos el método con más detalle más adelante. Pero ahora centrémonos en los peligros de este sistema cuando uno lo pone en práctica de forma automática sin utilizar su cerebro.

Supongamos que A dice: "Quiero comprar cien acciones de St. Paul cada punto que suba o baje desde cierto precio, y vender un lote cada vez que el precio avance o retroceda un punto y cuarto, con el fin de obtener un beneficio neto de 100$ en cada transacción. Después de haber vendido las cien acciones, si el precio vuelve al punto original de compra, compraré de nuevo".

Supongamos que inicia su sistema tras la caída del precio que se produjo en septiembre, y compra sus primeras cien acciones a la par (100$). Compra otras cien acciones a 101$, vende el primer lote de 100 acciones a 101,25$, y cuando el precio toca 102$ compra otras cien. Si observamos la cotización veremos que el precio empezó a caer, por lo que volvió a comprar a la par otra vez (100$), y a 99$, 98$ y así hasta 96$. Cuando el precio reanudó la senda alcista fue vendiendo un lote cada vez que el precio subía un punto y cuarto, y de esta forma obtuvo un buen beneficio. Pero el precio volvió a caer otra vez y continuó bajando hasta el 15 de marzo, momento en el que tenía en su poder mil seiscientas acciones, alguna comprada a 102$. En este momento debería mantener en su agente de bolsa un margen de entre 28.000$ a 30.000$ para garantizar estas posiciones. Por supuesto obtuvo varios cientos de dólares de beneficio con las fluctuaciones que se fueron produciendo. Pero cuando St. Paul volvió a subir en la siguiente campaña alcista, todas las compras realizadas en el momento del declive del precio le proporcionaron unos importantes beneficios.

Pero hay dos puntos clave a tener en cuenta.

Supongamos que el agente de bolsa quiebra cuando el mercado está todavía en el suelo, lo que imposibilita que le devuelva los veintiocho mil dólares de margen que tenía depositados en él, o supongamos que el precio continúa cayendo. O que St. Paul suspende el pago de dividendos durante un tiempo, como hizo en su día Missouri Pacific[29] cuando se estaba vendiendo a 84$, y como ocurrió con Missouri Pacific, acaba cotizando a diez dólares la acción, ¿cuánto margen va a necesitar en ese caso? Este es el punto débil del sistema de escalado, u otros sistemas que funcionan de forma similar, si se aplican de forma automática y sin usar la inteligencia.

Pero por otra parte, supongamos que "A" ha comenzado a comprar St Paul con el sistema de escalado en primavera de 1897, en lugar de hacerlo en otoño; cuando el precio estaba alrededor de 70$ y la campaña alcista estaba en sus comienzo. Si hubiera comprado sus cien acciones de St. Paul a 70$ y otras cien a 71$ y así sucesivamente cada punto de ascenso, aprovechando las fluctuaciones para comprar de nuevo en los retrocesos las acciones vendidas con los avances de punto y cuarto, al final habría obtenido un beneficio de 30.000$ y habría estado en todo momento seguro en su inversión.

El llamado "sistema de escalado", con un cerebro dirigiéndolo, es el más seguro y provechoso de los sistemas que puede utilizar un operador amateur si tiene sólo un capital moderado con el que trabajar, y que recomendamos sin ningún género de dudas. Una vez que uno conoce cuál es la tendencia general del mercado y opera en consonancia con la tendencia, no debe temer las subidas y bajadas del precio siempre que tenga el margen de capital suficiente al inicio.

Vamos a volver a explicar este sistema de una forma tan clara que hasta un niño pueda entenderlo.

El primer requisito es seleccionar una o dos buenas acciones que den buenos dividendos, acciones que estén activas, esto es, un o dos de las acciones principales.

Lo principal es determinar si está en marcha una campaña alcista o una campaña bajista, para decidir dónde iniciar la aplicación de nuestro sistema, si en el lado largo o en el lado corto.

En anteriores páginas ya hemos dado suficientes indicaciones para poder determinar en qué dirección va a moverse el mercado. Con este dato en la cabeza debemos dar las órdenes convenientes a nuestro agente de bolsa.

Supongamos que iniciamos el sistema de escalado en el lado alcista en Rock Island[30] en abril de 1897.

Le damos al agente de bolsa la siguiente orden:

"Comprar diez acciones de Rock Island a mercado (digamos 65$) y diez más cada punto que suba o baje del precio inicial. Mantendremos solo un lote en cada punto de la cotización".

"Vender cada lote adquirido cuando haya avanzado un punto y medio. Recomprar cada lote cuando vuelva a cotizar al precio de adquisición inicial. Continuar con esta operativa hasta nueva orden".

Esta orden es muy completa y cubre todas las posibles circunstancias.

Nuestro agente de bolsa compra 10 acciones a 65$.

El precio sube hasta 66$ y compra 10 acciones más.

El precio cae a 64$ de nuevo y compra 10 acciones más.

Como ya tenía un lote de 10 acciones compradas a 65$ no vuelve a comprar 10 acciones a ese precio.[31]

A 63$ compra 10 acciones más.

El precio sube a 65$.

El agente de bolsa vende el lote comprado a 63$ cuando alcanza 64,50$.

Recordemos que cada adquisición debe ser tratada individualmente como si fuera el único lote que estamos negociando.

El mercado cae de nuevo, y compra diez acciones por segunda vez a 63$ y diez más a 62$.

Entonces el mercado se gira y sube hasta 66$.

Como ha subido se han vendido los lotes comprados a 62$, 63$, y 64$, cada vez que han llegado a un punto y medio más arriba (esto es 63,50-64.50-65,50$) y mantenemos los lotes comprados a 65$ y 66$

Coja lápiz y papel y haga las cuentas de lo que hemos hecho hasta el momento. Podrá observar que hemos cerrado cinco operaciones con un beneficio neto de alrededor de 75 dólares y que todavía tenemos dos operaciones abiertas, una de la cuales tiene un beneficio sobre el papel de diez dólares y la otra está a la par.

El precio avanza a 69$ y el agente de bolsa compra lotes de 10 acciones a 67$, 68$ y 69$ y al mismo tiempo vende tres lotes cuando alcanzan el punto y medio (a 66,50$, 67,50$ y 68,50$) con un beneficio de 50 dólares.

Por supuesto, si hubiera podido saber de antemano que el precio iba a caer a 62$ y después a subir a 69$, podría haber esperado a que llegara al mínimo (62$) para comprar y vender al llegar a 69$, con lo que habría conseguido un beneficio mucho mayor. Pero es imposible saber de antemano que es lo que hará el precio. Lo único que puede determinar es la tendencia general del mercado, y sabiendo esto, el sistema de escalado hará que sus operaciones sean seguras y provechosas. Cuantas más subidas y bajadas más beneficios. Siempre que esté utilizando este sistema en el lado alcista durante las campañas de compra no importa lo grandes que sean las fluctuaciones del mercado.

En mayo de 1897, Rock Island estuvo todo el mes fluctuando entre 61,50$ y 66,50$, moviéndose arriba y abajo con frecuencia. En junio el precio fluctuó arriba y abajo hasta llegar a 76$ hasta que finalmente llegó 83 $.

En agosto a 97$ y en septiembre seguía a 97$.

Eso sí, el sistema de escalado tal y como se ha explicado implica estar siempre en el mercado: siempre tienes que vender cuando el precio avance y comprar cuando decline.

El momento adecuado para comprar es cuando el precio declina y el momento adecuado para vender es cuando sube. El amateur normalmente se equivoca y compra cuando sube y vende cuando baja.

Los beneficios después de seis meses utilizando el sistema de escalado, entre abril y septiembre de 1897, supusieron no menos de un cien por cien de un capital inicial de quinientos dólares, y el sistema fue absolutamente seguro de principio a fin. Durante la mayor parte del tiempo el agente de bolsa no necesitó más de cien dólares para garantizar sus operaciones. Durante todo el tiempo los beneficios que ha ido generando han sido suficientes para cubrir sus márgenes. No obstante, a fin de estar completamente seguros, lo adecuado habría sido mantener quinientos dólares en la cuenta de su agente de bolsa todo el tiempo, de forma que sus operaciones hubieran estado siempre protegidas de una caída de hasta diez puntos, algo que nunca debería ocurrir en una buena acción que produce dividendos una vez que la campaña alcista ha comenzado.

Supongamos que está utilizando el sistema en el lado alcista desde el 1 de septiembre de 1897. Las pistas que le hemos dado en las páginas precedentes le dicen que el final de la campaña alcista no puede estar muy lejos. Usted estará atento y cuando considere que el mercado está demasiado alto, dará la vuelta a su sistema y comenzar a vender en el lado corto del mercado cada punto arriba y abajo. No importa si el mercado va contra usted dos o tres puntos, ya volverá a su favor otra vez más adelante. Al dar las órdenes a su agente de bolsa para poner en práctica el sistema de escalado en el lado corto, simplemente sustituya la palabra "comprar" por la palabra "vender" en el texto que le dimos anteriormente.

Requiere cierta determinación dar la vuelta al sistema al final de la campaña alcista, ya que la prensa y el público en general, los agente de bolsa y los "soplones", irán en su contra. Recuerde, digan lo que digan, cuando los profesionales hayan vendido sus acciones el precio debe caer más tarde o más temprano, no importa lo favorables que sean las condiciones para seguir subiendo.

Todo ello requiere cierta inteligencia de su parte. Bueno, hacer dinero siempre requiere cierta inteligencia en cualquier clase de negocio, y esto es todavía más cierto en Wall Street que en otros casos. Un extracto de un boletín informativo de un agente de bolsa que recibimos recientemente contiene unos consejos muy pertinentes en este punto:

"Un gran número de empresas de agente de bolsa están inundando el país con literatura barata sobre cómo hacer una fortuna en tres meses invirtiendo cien dólares o cuentos de hadas similares, que son ridículos en sí mismo, aunque muchas veces confunden a inocentes, y con frecuencia anulan la inteligencia de hombres y mujeres que pierden sus ahorros o incluso fortunas. Nunca es posible hacer dinero de forma fácil, porque si fuera así estas personas especularían por su propia cuenta en lugar de pedirle su dinero. Si la especulación fuera tan fácil nadie trabajaría. La auténtica realidad es que es extremadamente difícil."

Le estamos dando un plan seguro y conservador, un sistema a seguir. Si el amateur quiere seguir adelante, él o ella estarán seguros todo el tiempo y harán dinero. Es el único sistema que, en conciencia, podemos recomendar a los aficionados dado que es simple y seguro.

Un estudio de las cotizaciones en algunas acciones con actividad que aportamos en la última página, muestra lo que se podría haber conseguido con este sistema. Por supuesto el sistema puede modificarse. Por ejemplo, si alguien tiene un capital mayor puede dar la siguiente orden:

"Comprar diez acciones de Rock Island a mercado y el doble de esa cantidad cada punto que baje el precio"

Es decir, a 65$ compra diez.

A 64$ compra 20.

A 63$ compra 40.

A 62$ compra 80.

Cuando el precio suba un punto y medio desde 62$ venda el lote de 80 acciones con un beneficio de ciento veinte dólares tan solo en esa operación, e incluso si cierra en ese momento no tendrá pérdidas. Pero si mantiene la posición, como debe hacer, el próximo avance hasta 65 le proporcionará otro beneficio de cien dólares.[32]

Este último sistema funciona muy bien si tiene suficiente capital para ello y está en el lado correcto del mercado. Sin estos dos elementos esenciales el sistema puede hacer quebrar a un millonario.

¿Está dispuesto a estudiar y aprender cómo funciona este negocio y a trabajar con un sistema seguro, obteniendo un rendimiento de entre un cinco a un quince por cien mensual de su dinero?

La realidad es que ni un solo especulador entre cientos está satisfecho con ese beneficio o quiere utilizar un sistema de esta clase. El especulador ordinario quiere empezar con un capital de quinientos dólares y luego doblarlo, y triplicarlo e incluso cuadruplicar cada mes. Pero al tratar de hacerlo su pequeño capital inicial irá a parar a la pila de dólares que conforman la suma millonaria que se pierde cada año en Wall Street.

Quinientos dólares es capital suficiente para iniciar el sistema de escalado con lotes de diez acciones.

Este sistema puede funcionar en la Consolidated Exchange más que en la NYSE, ya que en la primera se puede operar con lotes más pequeños que en la NYSE.

Para utilizar cualquier sistema en la NYSE se requiere un capital mínimo de cien mil dólares al operar con lotes de 100 acciones. Como no somos agente de bolsa y no tenemos un especial interés en recomendar que opere en un mercado u otro le estamos dando un consejo completamente desinteresado en esta materia. Evite las operaciones en lotes de cien acciones salvo que cuente con un capital ilimitado.

Le hemos explicado el que consideramos el mejor y más seguro sistema de especulación para un aficionado, sistema que creemos que muchas veces incluso es utilizado por los profesionales cuando la campaña ya está en marcha, por lo que no creemos necesario examinar ningún otro tipo de sistema.

PERSPECTIVA

En el momento de escribir estas líneas (mayo de 1898) es totalmente evidente de que este año nos encontramos ante un fenomenal avance de los precios.

La guerra es el mayor factor alcista que existe. La inflación en los precios en ocasiones acompaña a la guerra una vez ésta ya está en marcha. El gobierno está gastando millones de dólares cada día; la actual crisis ha unido a todos los partidos y no debemos temer en absoluto la legislación socialista del congreso. Los granjeros no han sido tan prósperos como hoy en los últimos 20 años. La mayor cosecha de trigo nunca conocida asegura que se conseguirán buenos precios. Pero lo más importante de todo es que acabamos de salir de la depresión que siguió al pánico de 1893, y estamos en la fase del ciclo de subida de precios que siempre sigue a un pánico.

Las cotizaciones muestran que el punto de acumulación de St Paul esta primavera se ha producido alrededor de 88$. Esto es diez puntos por encima del precio de acumulación del año pasado. No tenemos duda alguna al pronosticar que St. Paul se venderá este año a 115 o más.

Y Burlington[33] puede llegar tan o más alto.

Sugar se ha acumulado alrededor de 160$ y si el Sugar Trust Pool sigue sus tácticas usuales pondrán el precio bien alto antes de finalizar su campaña. Una mirada a los gráficos de los locos giros de este particular juego debería alertar a los amateur en contra de operar con acciones, salvo que sea en pequeñas cantidades.

Todo el mercado está inmerso en un maravilloso avance y nuevos máximos y grandes volúmenes de transacciones podrán ser realizadas este año. El corazón de todos los bajistas estará roto cuando esta campaña finalice.

A buen entendedor pocas palabras bastan.

Nos preguntamos antes porque hubo dos campañas alcistas y dos bajistas en 1896, cuando lo normal es que solo haya una gran campaña alcista y una bajista.

Reflexionemos un momento antes de dar la respuesta.

El verano de un año presidencial es siempre tiempo de incertidumbre y duda y de negocios renqueantes.

El verano de 1896 necesariamente tenía que ser un mal verano. Se discutió si el precio libre de la plata, el patrón oro o el proteccionismo debían ser las políticas aplicables por el país en los próximos cuatro años.

Los directores de los pools profesionales, como dijimos, son personas que miran a largo plazo; iniciaron la campaña alcista en enero en lugar de esperar a abril como es usual. En mayo tenían el precio en el máximo y estuvieron descargando sus carteras durante todo mayo y la primera parte de junio. Luego comenzaron las convenciones políticas, y entonces se produjo el usual rally del mercado hasta que los profesionales distribuyeron completamente. En Agosto los precios volvieron al punto en el que se encontraban el pasado enero y los profesionales volvieron a montar una segunda campaña alcista, que fue corta y rápida y finalizó en noviembre.

Eso es todo lo que pasó.

TERCERA PARTE

PISTAS Y DESPITES

PISTA NÚMERO CUATRO.

La avaricia y la impaciencia son la causa de la mayor parte de las pérdidas en Wall Street.

Un hombre hace una inversión prestando mil dólares con garantía hipotecaria y está dispuesto a esperar un año para recibir sesenta dólares de intereses por el uso de su dinero. Esta misma persona opera en Wall Street con mil dólares y tiene la esperanza de conseguir trescientos o quinientos dólares a la semana de su capital. Lo normal es que lo pierda todo, por supuesto. Estudiando los principios antes expuestos y utilizando el sistema de escalado, siempre con total respecto de los márgenes necesarios, en un mes podría sacar a su capital de un cinco a un diez por cien, o como mucho un quince por cien. Y sin embargo, este porcentaje nunca satisfará al especulador aficionado. Un cien por cien al mes es lo mínimo con lo que se conforma.

Un antiguo libro, que ya no está de moda en Wall Street, dice en alguna parte: "Un tonto y su dinero no están mucho tiempo juntos". El rey Salomón no tendría mucha dificultad en saber de qué bolsillos han salido los cien millones de dólares que pierde el público en Wall Street cada año.

Una vez comprendidos y asimilados los principios que le hemos explicado, la única cosa esencial para el éxito es tener siempre presente que no debe sobre operar. Si está comprando demasiados títulos para el montante de su capital, un descenso de dos o tres puntos en el precio puede hacer que reciba la llamada de su agente de bolsa solicitando más margen en su cuenta, y se verá forzado a vender con pérdida o aumentar su margen. Pero si está en lo cierto en su visión general del mercado y operando con margen suficiente, podrá comprar más acciones cuando decline el precio en lugar de vender. Si actúa así, el precio volverá a subir en uno o dos días, y entonces esas supuestas pérdidas se convertirán en ganancias. Si está operando en el lado correcto del mercado, comience con diez o quince puntos de margen de forma que pueda comprar en las correcciones, y no necesitará vender en pérdidas durante la totalidad de la campaña.

PISTA NÚMERO CINCO

Esto es muy importante. Como regla general no venda sus acciones el tercer día de declive del precio (a menos que esté usando el sistema de escalado) y no compre en el tercer día de una subida. No podemos explicar por qué los precios se mueven tres días en una dirección y luego tres días en la otra pero así es. Parece como si se produjeran dos ondas cada semana, una alcista y otra bajista. Si estamos en una campaña alcista la onda alcista ha de ser más larga que la bajista, ya que la marea la va arrastrando gradualmente. Si se trata de una campaña bajista la onda bajista debe ser más larga que la alcista, y la marea ha de ir gradualmente decreciendo. [34]

PISTA NÚMERO SEIS

Después de que el precio haya avanzado durante tres días y cierre en máximos, si el día siguiente abre más arriba es casi seguro que va a producirse una corrección de un punto o dos.

Después de que haya declinado tres días y cierre en mínimos, casi seguro que se producirá un avance el día siguiente.

En un mercado alcista cuando esté esperando a entrar en las correcciones no espere mucho más de dos días de corrección. El tercer día comience a comprar con el sistema de escalado.

En ocasiones el mercado solo corrige un poco, cayendo tan solo durante dos días antes de volver a subir. Suele ser cuando las condiciones son muy favorables a la tendencia alcista, p.ej. que el dinero esté barato y la confianza en la economía y los negocios son altos. En estos casos compre el tercer día del periodo de corrección.

PISTA NÚMERO SIETE

En un mercado alcista el volumen más alto debe verse en los movimientos de subida. Y las correcciones deben caracterizarse por tener volúmenes menores.

Ocurrirá lo contrario durante una campaña bajista. Observe atentamente el volumen de operaciones y le dará la verdadera indicación de cuál es la tendencia del mercado.[35]

PISTA NÚMERO OCHO

Durante una campaña alcista nunca trate de atrapar un giro o un cambio temporal de la tendencia del mercado. No importa lo valiosa que sea la información que ha recibido en ese sentido, no se ponga en situación de encontrarse involuntariamente en el lado incorrecto del mercado. Puede que tenga la suerte de salir con beneficios dos o tres veces, pero la próxima vez que lo intente el mercado puede pasar de usted y llevarse por delante sus márgenes.

Si lo que quiere es tener seguridad permanezca en el lado alcista mientras la tendencia sea alcista. Si piensa que se va a producir una corrección temporal cierre sus posiciones largas, espere a que finalice la corrección, y comience a comprar de nuevo. Pero no tome posiciones en el lado corto.

Durante una campaña bajista no tome posiciones alcistas en el mercado, aunque sea temporalmente. Si piensa que se va a producir una corrección, espere a que empiece la subida y entonces comience a vender corto en la subida. El mercado volverá a girarse tarde o temprano.

PISTA NÚMERO NUEVE

Si entra en el inicio de una campaña alcista será una buena idea ir cargando su posición durante algún tiempo, es decir, mantener sus adquisiciones y añadir más acciones a medida que el precio avanza a su favor y sus márgenes crecen. Por ejemplo, compre cincuenta St. Paul a 85$, y 50 más cada dos puntos en una subida de diez puntos. Sus beneficios seran de quinientos dólares. Si estudia las fluctuaciones de St. Paul en la tabla que incorporamos en el apéndice, podrá ver que una o dos veces al año St. Paul hace un movimiento de este tipo.

Si quiere tener éxito en el trading debe entrar al mercado al inicio de las campañas alcistas[36]. Si se entra en un estadio posterior se puede ser más provechoso utilizar el sistema de escalado aprovechando las correcciones.

PISTA NÚMERO DIEZ

Le aconsejamos que estudie detalladamente cómo actúan dos o tres acciones principales (Stock pools). Elabore gráficos cuidadosos de las fluctuaciones y movimientos de su precio. Después de un tiempo será capaz de leer la mente de los directores del dinero profesional que controlan esa acción.

PISTA NÚMERO ONCE

No deje que las cotizaciones de Londres influyan en sus perspectivas de la evolución del mercado.

PISTA NÚMERO DOCE

Después de cualquier subida del precio entre seis o diez puntos, con gran excitación al cierre del avance, especialmente si el precio tiene intención de seguir subiendo, la subida debe parar durante cierto tiempo y, por supuesto, producirse una corrección más o menos larga[37]. Veremos entonces una serie de subidas y bajadas, en un rango de dos o tres puntos.

En otras palabras, podemos decir que el mercado después de la subida tiene un cierto empacho y debe digerir todo lo que ha comido. Es en ese momento en el que el sistema de escalado proporciona los mayores beneficios. También es el momento en el que el scalping da un mejor resultado.

La misma regla tiene validez cuando vemos una caída de los precios.

PISTA NÚMERO TRECE

Los consejos y soplos, los "fulanito dice" y "he oído decir", los chismorreos de la llamada prensa financiera, así como los boletines y circulares de publicidad de los agente de bolsa, no deben influir de forma alguna en su visión del mercado. Si estos consejos coinciden con las conclusiones deducidas de sus gráficos y de su estudio del mercado, perfecto. Si no, no los tenga en cuenta. A largo plazo se sentirá más seguro y será más rentable si no lee la prensa y los chismorreos financieros en absoluto.

PISTA NÚMERO CATORCE

Debe tomar cierta perspectiva y mirar más allá si quiere tener éxito en Wall Street. Allí todo se anticipa[38]. Si se esperan malas noticias, no venda después de que se conozca lo peor, sino que debe comprar. Si prevé noticias favorables, compre anticipadamente y venda cuando salgan las noticias y sean conocidas por el gran público. Anticípese. El público dice: "Si se declara la guerra entonces liquidaré mis posiciones y me pondré corto". Pero todos los profesionales habrán vendido mucho antes y estarán a la espera de la oportunidad de volver a acumular sus acciones. Y los precios comenzarán a subir tan pronto como se declare la guerra.

Si espera a que la incertidumbre se resuelva y las nubes desaparezcan del cielo financiero antes de comprar, para entonces los precios habrán subido entre diez y treinta puntos y aquellos que se anticiparon estarán ya preparados para vender sus acciones a su costa. Si vende cuando lo peor ya se ha explicado y la esperanza está muerta, los profesionales estarán preparados para comprar porque un cambio de tendencia está en ciernes.

Wall Street funciona como la naturaleza. Cuando más oscuridad hay es justo antes de amanecer.

¡Anticípese! ¡Anticípese!! ¡¡¡Anticípese!!!

PISTA NÚMERO QUINCE

Aléjese de las oficinas de los agente de bolsa y no mire las cotizaciones (the tiker[39]). Para tener éxito en Wall Street sus análisis y sus juicio deben ser completamente independientes y tener el coraje de actuar en función de sus propias opiniones.

Ahora bien, si se dedica a merodear por las oficinas de los agente de bolsa, escuchando las conversaciones y las opiniones de los náufragos de Wall Street que se reúnen en esos lugares, su mente se verá influida por dicha conversaciones aunque usted no quiera. La cotización es la peor cosa puede observar. Cuando los precios estén subiendo la cotización le susurrará "compre, compre", cuando los precios caigan el pánico se adueñará de usted si está observando la cotización y venderá cuando en realidad debería estar comprando.[40]

El sistema de escalado compra y vende haciendo exactamente lo contrario que le susurra la cotización.

El único amateur que consigue hacer dinero en Wall Street es aquel que se mantiene alejado de las oficinas de los agente de bolsa.

PISTA NÚMERO DIECISÉIS

Mantenga siempre un margen holgado[41]. Con un capital de mil dólares no es seguro que un amateur opere en lotes de más de veinte acciones en dos o tres buenas acciones. Es por ello que nosotros aconsejamos a los aficionados que operen en la Consolidated Exchange en lugar de hacerlo en la NYSE. Salvo que usted sea un jugador compulsivo no puede pretender operar con lotes de cien acciones con un capital inferior a cinco o diez mil dólares. Utilice el sistema de escalado en la Consolidated Exchange si su capital es moderado.

PISTA NÚMERO DIECISIETE[42]

"Dobles techos y dobles suelos". Mr. C. B. Greene una agente de bolsa especialmente hábil, ha formulado una teoría con la que estamos bastante de acuerdo. Será mejor exponer esta teoría con sus propias palabras:

"Cuando un mercado ha pasado de la etapa de debilidad y parálisis a la de actividad y declive, entonces, dentro del pánico o semipánico (causado por los excesos provocados por algunas noticias inesperadas y que nadie podía anticipar) veremos un día que el volumen de transacciones se incrementa enormemente respecto a los días anteriores. Puede en ese caso realizar compras a precios cercanos a los del anterior mínimo, o piramidar a la baja, lo que le dará unos resultados muy favorables en contra de lo que aparentemente tendría que haber ocurrido o lo que nuestro sentido común nos dice. En caso de que desee actuar más conservadoramente, espere hasta que finalice el día del gran volumen, y espere a ver una corrección de pocos puntos desde el mínimo del anterior movimiento. Entonces no dude en mandar una orden de compra a su agente de bolsa para comprar en el siguiente o segundo movimiento bajista cerca o en los mínimos del suelo anterior. Podrá observar que cuanto más grande sea el volumen y la excitación de los bajistas, con mayor certeza se volverán a tocar los precios mínimos del suelo anterior por segunda vez. Entonces las compras se deben hacer sin que dependa del anterior mínimo, puesto que hacerlo por el sistema de escalado no es adecuado dado que raramente el precio irá más abajo de unos pocos puntos más allá del mínimo anterior antes de que se produzca un fuerte avance del precio.

Lo contrario es también cierto al final de un mercado alcista."[43]

REGLA A OBSERVAR

"En esta situación debe convertirse en un autómata, sin prestar atención a las noticias ni a los chismorreos, y actuar en el segundo movimiento.

Se necesitan nervios y paciencia.

Estas compras suelen provocar avances del mercado porque la fuerza del movimiento alcista siempre se producirá en función y en proporción a la magnitud de los volúmenes al final del movimiento corto."

Hay mucha verdad en estos consejos, y esta verdad se observa tanto en los movimientos cortos como en los movimientos largos con grandes volúmenes. Suscribimos todo lo que dice Mr. Greene sin ningún género de duda, pero al poner en práctica estos consejos tenga la precaución de no olvidar determinar en qué tipo de campaña se encuentra el mercado. Si está en una campaña bajista y compra en un giro del mercado como los descritos, no espere una gran reacción del precio.

PISTA NÚMERO DIECIOCHO

No deje que sus deseos y esperanzas influyan en su juicio. Cuando el especulador común ha comprado una acción sólo suele apreciar los argumentos que apoyen un mercado alcista.[44]

Por su parte, el bajista crónico tendrá sus ojos concentrados en los signos más patentes de un mercado bajista.

Pero en ambos casos los deseos y esperanzas ciegan su razón.

En el mundo de la especulación no hay lugar para partidismos, orientaciones políticas, patriotismos o convicciones religiosas, o por lo menos no más del que puedan tener en un juego como el Whist o el Ajedrez.

El hábito de elaborar el gráfico de las fluctuaciones del precio le enseñará rápidamente que se trata de un juego de habilidad basado en las leyes eternas de la naturaleza humana.

Así pues, no descuide el estudio de la condición humana y cómo influye en la mente del público. Le aseguro que los que aportan y dirigen el dinero profesional no descuidan este aspecto.

PISTA NÚMERO DIECINUEVE

Normalmente hay una o dos acciones que lideran el grupo de las acciones principales (pool stocks). Las acciones líderes inician la subida y llegan al techo del mercado primero, y entonces son distribuidas entre el público a la vez que el resto de acciones van avanzando. La que llegue a la cima primero será la primera que inicie la carrera bajista. No obstante, recuerde que el precio suele tocar el techo del movimiento largo una segunda vez antes de iniciar la tendencia bajista, y que el precio debe fluctuar arriba y abajo justo debajo del máximo durante algún tiempo.

Durante la campaña bajista los líderes pueden llegar al suelo y comenzar la nueva campaña alcista mientras que las más lentas están dándose la vuelta. Encontraremos también dobles suelos al igual que se producen dobles techos. Estudie esas oportunidades y mientras las acciones están bajando rápidamente espere hasta el día del doble suelo con grandes volúmenes.

PISTA NÚMERO VEINTE

No sea nunca un bajista crónico o un alcista crónico. A estas alturas ya tendría que tener claro por lo dicho en las páginas precedentes y el estudio de los diagramas y gráficos, que hay un tiempo para coger el lado largo o alcista del mercado y un tiempo para coger el lado corto o bajista. Debería cambiar cada seis meses aproximadamente, cuando los profesionales cambian también su orientación.

Si no puede sino ser un "crónico", esto es, una persona que siempre está en el mismo lado del mercado todo el año, manténgase en el lado alcista durante los próximos dos años. Es siempre mejor ir a favor de la marea[45].

PISTA NÚMERO VEINTIUNO

Como regla general, colóquese en el lado alcista al final de la primavera y manténgase allí hasta el otoño. Luego invierta la situación y tome el lado corto. Es usual, no obstante, que después de una caída en otoño, una pequeña campaña alcista empiece a mitad de diciembre y finalice a mitad o final de enero. Luego otra caída hasta abril, cuando la gran campaña anual empieza. Esta es una regla general que si mantiene al día sus gráficos puede ser su mejor guía.

PISTA NÚMERO VEINTIDOS

Una campaña alcista habitualmente se divide en tres periodos:

1er. Periodo: un mercado alcista sigiloso.

2º Periodo: un mercado progresivamente alcista.

3er. Periodo: el asalto final.[46]

El primer movimiento alcista de la campaña suele aparecer como una sorpresa para los bajistas y el público general.

Todo parecía estar a favor de que los precios siguieran bajando, había muchas nubes en el horizonte financiero, y el repentino avance de los precios es tomado como un movimiento meramente temporal. "¡El mercado está sobrevendido!", es el grito general del público, y prácticamente todo el mundo espera que el precio vuelva a su anterior nivel. Después de que los bajistas se recuperen de su confusión empiezan a abrir posiciones cortas, y los líderes alcistas dejan que el precio caiga un poco para animarles a seguir haciéndolo, razón por la cual se ve una pequeña caída del precio, muchas veces hasta la mitad del avance que vimos antes.

Entonces empieza el segundo periodo -el mercado progresivamente alcista. Los líderes alcistas se van haciendo cargo de una acción tras otra sucesivamente, o una o dos al mismo tiempo, y avanzan sin aspavientos ni nerviosismo alguno, con una actividad muy moderada. Muchas acciones están quietas y paradas durante este periodo, algunas caen temporalmente un poco más bajo, pero semana a semana los precios van creciendo. No hay nerviosismo ni excitación en el público durante este periodo. Hay todavía muchas razones para demostrar que los precios deben caer finalmente al menos unos cuantos puntos más. Algunos de los más importantes periódicos financieros cada año le dicen al público: *"veremos un mercado alcista más tarde, pero debe empezar en un nivel de precios más bajo"*, así que el público espera ver correcciones que no llegan a producirse. El público en este momento es muy suspicaz; realmente no confiará en el mercado alcista hasta que haya recorrido veinte o treinta puntos y empiece a avanzar rápidamente. Las características de este segundo periodo de la campaña alcista son un mercado muy aburrido, con una o dos acciones avanzando y el público esperando a la corrección para entrar, o bien para vender corto y promediar con anteriores pérdidas.

Entonces llega el tercer periodo, "el asalto final", "el mercado alcista de toda la vida", fortunas hechas en semanas (sobre el papel); rápidos avances del precio en todas las acciones, principales y secundarias; hasta las más extrañas y olvidadas acciones galopan al frente; gran excitación, un enorme volumen diario de transacciones y entonces...

¿QUE SERÁ LO PRÓXIMO?

Bueno, pregunte a su amigo qué cargo su cartera de acciones en septiembre de 1897, y noviembre de 1896, y septiembre de 1895, y septiembre de 1894 que fue lo que le pasó a él.

PISTA NÚMERO VEINTITRES.

Durante el aburrido avance del precio en el inicio de una campaña alcista, no entre en las correcciones. Si todo el mundo está esperando a entrar en las correcciones, tanto para ponerse corto de nuevo, como para empezar a entrar en el lado alcista desde un precio más bajo, esté seguro que no habrá correcciones. Lo que todo el mundo espera que pase no pasa en Wall Street.

Opere en las acciones que se vayan activando, una tras otra, a medida que comiencen a moverse. Recuerde que los profesionales tienen que llevarlas a precios más altos y mantenerlas allí para poder descargar sus carteras.

PISTA NÚMERO VEINTICUATRO

Las campañas bajistas no son tan sencillas de detectar como las alcistas.

Al final de una campaña alcista, después de una gran excitación, veremos una aguda corrección y que el precio vuelve a subir a hacer un doble techo. Entonces empezará un aburrido, lento y hosco retroceso del precio. El público, que habrá comprado acciones en el techo, aprieta los dientes, añade margen a su cuenta del agente de bolsa y aguanta. La esperanza fluye eternamente en el corazón humano. Pero durante la campaña bajista los precios se hunden y se hunden hasta que la esperanza no puede sino desaparecer. Después de alrededor de tres meses de hundimiento del mercado, generalmente hacia finales de diciembre o en enero, se produce una campaña alcista de unas cuatro a seis semanas, y entonces vemos un nuevo declive hasta el periodo real de acumulación de acciones, que se reflejará en nuestros gráficos de fluctuaciones de los precios.

La campaña bajista ofrece muchas y seguras oportunidades de hacer dinero, algunos años mejores que otras, pero, como decíamos antes, durante los próximos dos años estaremos inmersos en el ciclo de avances del precio y los avances superaran con creces las bajadas[47].

PISTA NÚMERO VEINTICINCO

Cuando vea que una acción tiene una buena base para subir, como le señalarán los gráficos de su cotización, y la acción avanza más allá del último punto de parada de cada avance, acompañada de grandes volúmenes de operación, puede estar seguro que esta acción en particular va a experimentar una gran subida. El alcance de la subida puede ser medido por el alcance de la base que la fundamenta[48]. Actúe de acuerdo con ello.

Recuerde que las fluctuaciones del precio significan algo. Son el resultado de un diseño, no del azar.

PISTA NÚMERO VEINTISEIS

Durante la campaña alcista, el día de la semana en que suelen estar más bajas de precio las acciones es el jueves por la tarde; los viernes y sábados suben para alcanzar un nuevo techo el lunes o martes por la mañana. En una campaña alcista compre el jueves por la noche y el viernes por la mañana y venda el lunes y el martes por la mañana.

Lo contrario es aplicable a una campaña bajista.

LAS TRAMPAS DE SUGAR.

El desprecio del Sugar Trust Pool por las leyes del mercado, para que lo recuerde y entienda el público especulador, se muestra sorprendentemente claro en lo que hemos denominado Trampas de Sugar n° 1 y n° 2.

Los esquemas que analizaremos son los gráficos actuales del movimiento de los precios en la acción de Sugar en las fechas mencionadas.

TRAMPA NUMERO UNO, 1895[49]

```
          DISTRIBUTION.       June 20 to June 28, 1895.
122                              v
121                              v v
                                 v v
120              v               v v          v
             v v v v             v v          v v
119        v v v v v v v   v   v v v      v v
           v v v v v v v v v v v v v v v v v v v
118        v v      v v v v v v v   v v v v
             v        v v v v v       v   v
117                   v v v v                 v
                      v    v                  v
116                                           v
                                              v v
115                                           v v v
                                              v v v
114     Sugar Trap No. 1.                     v v v
                                              v v v
113                                           v v v
                                              v v v
112                                           v   v v
                                                  v v v
111                                               v v v
                                                  v v v
110                                               v   v
                                                      v v
109                                                   v v v
                                                      v v v
108                                                   v v v
                                                      v v v
107                                                   v v v
                                                      v   v
106
```

La acción de Sugar había sido acumulada por el pool alrededor de 90; entonces, durante cuatro o cinco meses, el precio fue avanzando gradualmente hasta alcanzar 119^{50}; luego durante seis meses el precio fue manipulado arriba y abajo en un rango de tres a cuatro puntos, durante el cual el pool descargó en el público las acciones que había acumulado; entonces el 17 de junio vendió, reservándose el derecho al dividendo, y llego el día fatal del 20 de junio. Durante los tres días siguientes Sugar cayó ocho puntos, luego subió tres puntos, y durante otros tres días más volvió a caer otros ocho puntos. Una caída total de 119 a 106, o treinta puntos entre el 20 y el 28 de junio de 1895.

TRAMPA NÚMERO 2, 1896 (solo un año después)

```
        DISTRIBUTION.              June 20 to June 28, 1896.
125 v v                 v            v
    v v v v             v v
124 v v v v v     v     v v v    v   v v
        v     v v v     v v     v v v v v v v v v v   v
123             v v v v v   v v v v v v v v v v v v v   v
            v v v     v v v v v v v v v v       v v v v v
122       v     v v v v    v v v      v v       v v v v
                  v v v      v        v v       v v v
121               v v                 v v       v v       v
                  v v                 v v       v         v
120                v                   v                  v
                                                          v
119                                                       v
                                                          v
118                                                       v
           Sugar Trap No. 2.                              v
117                                                       v
                                                          v
116                                                       v
                                                          v v
115                                                       v v v
                                                          v v v
114                                                       v v v
                                                          v v v
113                                                       v v v
                                                          v   v
112                                                       v
                                                          v v
111                                                       v v v
                                                          v v v
110                                                       v v v
                                                          v v v
109                                                       v v v
                                                          v   v
108                                                       v   v
```

Sugar había sido acumulada por el pool a la par. Luego durante cuatro meses el precio fue avanzando gradualmente hasta alcanzar los 125. Entonces durante siete semanas el precio fue manipulado arriba y abajo en un rango de alrededor de cuatro puntos, en los que el pool descargó en el público. Entonces la acción se vendió con reserva del dividendo el día 17 de junio, y llegó de nuevo el fatal 20 de junio. Durante los siguientes tres días, Sugar cayó diez puntos, subió 3, y de nuevo durante tres días volvió a caer ocho puntos más. La caída total fue desde 125 a 108, o cuarenta puntos entre el 20 y el 28 de junio de 1896.

¿Son necesarios mayores comentarios? Compare los dos diagramas y dese cuenta de que ambas trampas son idénticas.

¿Son esos movimientos frutos del azar o están diseñados expresamente? "¡Que tontos son estos mortales!" para dejarse atrapar dos veces en la misma trampa. Advertidos por la experiencia de lo ocurrido en 1895, cuando el mismo movimiento comenzó de la misma forma y fecha en 1896, ¿qué menos que vender corto doscientas o trescientas acciones alrededor de 120, y después de los tres días de caída y la corrección alcista, añadir otras doscientas o trescientas acciones más durante otros tres días?

Advierta el doble suelo que se produce después de la caída.

El mismo juego no se jugó en las mismas fechas en 1897, porque el avance del precio no ocurrió ese año hasta mediados de mayo, y claro está el precio no subió hasta el punto de distribución durante el mes de junio.

LA GRAN CAMPAÑA ANUAL DEL SUGAR TRUST POOL

El diagrama que se acompaña nos da las líneas maestras del plan de operaciones que ha estado aplicando este pool desde 1893. Echémosle un vistazo para que quede todo claro.

Durante el periodo de acumulación, y durante la primera mitad o dos primeros tercios del periodo de avance del precio, hay siempre motivos por los que vender corto Sugar. Un año es porque el congreso no aprueba leyes que podían beneficiar al trust; otro año es porque se dictan leyes que le perjudican; todo el tiempo corren rumores de que Arbuckles[51] u otra gran compañía va a abrir refinerías que serán una seria competencia, lo que afectará al dividendo de la compañía. Estos rumores y consejos circulan en cantidades industriales en invierno, en primavera y al principio de verano, y los especuladores parecen tener la insana idea de que lo más apropiado es vender Sugar corto.

Ahora echemos un vistazo a los gráficos y veremos qué es lo que realmente está pasando con el precio de la acción cada año.

Siempre veremos un momento durante el año en el que uno debe vender en corto; y otro en el que no debe vender en corto.

¿Quién inspira y facilita las noticias y rumores que aconsejan vender cortó? ¿Es posible que el pool de Sugar Trust tenga la osadía de usar estas tácticas? No olvide que "todo vale en el amor y en la guerra", y en Wall Street.

NOTA

El método para llevar un gráfico de los precios y sus fluctuaciones en las acciones que se muestran en los gráficos de este libro es el siguiente:

Supongamos que St. Paul vende a 85 y luego sube a 86 y 87. Luego el precio se gira y corrige a 85 otra vez. Entonces vuelve a girarse y se va a 86, 87, 88 y 89. Entonces corrige a 87. Vuelve a subir a 90 y bajar a 89. El gráfico debe hacerse cada día en el orden en que los cambios ocurren.

```
                        90
              89             89 89
              88 88 88
        87       87 87
        86 86 86
        85 85
```

Cada cotización debe ponerse en el mismo nivel o línea horizontal.

Con un poco de estudio y práctica pronto le resultará muy fácil llevar este tipo de gráficos.

Nosotros tenemos gráficos completos de las acciones principales más activas desde 1893, que le podemos facilitar si nos las solicitan.

Mr. W.P.Eager, un agente de bolsa de la Consolidated Exchange muy inteligente, ha realizado un exhaustivo estudio de la fluctuación de las acciones principales, líderes de los últimos seis años. Les damos a continuación los resultados para Sugar y Burlington:

SUGAR

AÑO	FLUCTUACION	MAXIMO/MINIMO	VOLUMEN
1892	375 puntos	115 ⅜ - 78 ⅛	4.371.100
1893	750 1-2 puntos	134 ¾ - 62	10.589.100
1894	603 7-8 puntos	114 ⅞ - 75 ¾	12.936.700
1895	491 puntos	121 ⅜ - 86 ½	10.050.500
1896	517 1-4 puntos	126 ⅛ - 95	9.794.800
1897	567 5-8 puntos	159 ½ - 109 ½	9.097.500
	3.305 1-4		56.889.700

BURLINGTON

AÑO	FLUCTUACION	MAXIMO/MINIMO	VOLUMEN
1892	246 5-8 puntos	110 ⅝ - 95	2.710.200
1893	428 1-2 puntos	103 ⅞ - 69 ½	2.828.500
1894	278 1-2 puntos	84 ⅛ - 68 ½	3.059.900
1895	267 1-4 puntos	92 ⅓ - 69	3.114.900
1896	372 3-4 puntos	83 ¾ - 58	3.528.800
1897	327 1-2 puntos	102 ¼ - 69 ¼	5.784.00
	1.920 3-4		21.025.800

"Las fluctuaciones y volúmenes referidos lo son respecto a la NYSE, 1892 a 1898. No obstante, existen muchas otras bolsas cuyo volumen total de ventas son de millones de títulos al año. Es más, la sorprendente fluctuación total sería más sorprendente aún si es posible, si conociéramos las fluctuaciones reales. Por ejemplo, los máximos y mínimos en Sugar para un determinado día, pueden mostrar una fluctuación de un punto y cuarto, pero la fluctuación total puede haber sido de cerca de cinco puntos.

El redactor de este artículo considera, en una estimación conservadora, que deberían añadirse para aproximarnos a la fluctuación real un tercio de los 3.304 puntos a la fluctuación de Sugar, un tercio de los 2.377 puntos a la fluctuación de Gas y un cuarto de los 1.920 puntos a la fluctuación de Burlington durante seis años.

De esta forma la fluctuación real sería de 4.400, 3.300 y 2.400 puntos en Sugar, Gas y Burlington respectivamente, durante los pasado seis años."

APÉNDICE 1: TABLAS DE PRECIOS.

PRICE CHARTS

PRICES OF RAILROAD AND MISCELLANEOUS ***STOCKS*** IN NEW YORK–***1896***.

STOCKS	January	February	March	April	May	June
	Low. High.	Low. High.	Low. High.	Low. High.	Low. High.	Low. High.
Chic. Burl. & Qu.	71 ¾ – 78 ⅝	76 ⅞ – 81 ⅞	73 ⅝ – 78 ¼	77 – 82 ⅝	77 – 81 ⅝	72 ⅝ – 80 ⅞
Chic. Mil. & St. P.	63 ½ – 72 ½	71 ⅝ – 79 ⅜	73 ⅝ – 78 ⅜	74 ¾ – 79 ½	76 – 79 ⅝	73 ⅜ – 79 ⅞
Chic. & No'west.	94 ⅞ – 100 ½	99 ⅜ – 105 ¾	101 ⅝ – 104 ½	102 ⅝ – 106 ¾	104 – 106 ½	100 – 106 ⅜
Chic. R. I. & Pa.	62 – 69 ⅜	69 – 74 ⅞	68 ½ – 73 ⅛	70 – 73 ⅜	69 ⅛ – 72 ⅝	65 ¼ – 72 ⅜
Louisv. & Nash.	39 ⅞ – 47 ⅛	45 ½ – 55 ⅜	48 ⅜ – 54 ⅛	48 ¾ – 53 ⅛	48 ⅝ – 52 ⅝	47 – 53
Missouri Pacific	22 ⅜ – 26 ¼	20 ⅞ – 25 ½	22 ¼ – 25 ¼	23 ⅞ – 29 ¾	24 – 28 ⅜	19 ⅜ – 25
Northern Pacific	2 ⅝ – 5	4 – 5	1 ⅝ – 4 ¾	1 – 1 ¾	¼ – *5 ¾	*2 ⅜ – †9 ½
Pref.	10 ⅜ – 16 ⅛	14 ⅝ – 17 ⅜	10 ⅜ – 17 ½	10 – 13 ⅛	11 ¾ – *15 ⅝	*13 ¾ – †17 ¾
Union Pacific	3 ½ – 7 ¼	6 ⅜ – 9	6 ⅝ – 8 ⅝	7 ⅝ – 10	7 ¾ – 8 ⅝	6 ½ – 8 ⅝
Am. Sugar R. Co	97 – 108 ⅝	106 ⅝ – 118 ¾	113 ½ – 117 ¾	116 ¾ – 126 ⅝	120 – 125 ¼	109 ⅜ – 125
Am. Tobacco Co.	74 ¾ – 84 ½	75 ½ – 83 ⅛	71 ⅝ – 90 ⅞	67 ¼ – 95	62 ⅝ – 72	61 ½ – 68
Chicago Gas Co.	62 – 67	63 ¾ – 70	64 ½ – 68 ⅝	67 ⅝ – 70 ⅜	66 ½ – 70 ⅜	61 ½ – 69 ¾
Gen. Electric Co.	22 – 29 ⅝	27 ½ – 33 ⅝	30 – 39 ½	36 ¼ – 38 ¾	33 ½ – 36 ⅞	27 – 34 ⅜
West. Union Tel.	81 ½ – 85 ⅜	82 ⅞ – 87 ⅛	82 – 85 ¾	83 ¼ – 87 ⅜	84 ½ – 86 ½	82 ⅝ – 86 ⅜

* Trust receipts; 1st instalment paid. † 2nd instalment paid.
‡ 3rd instalment paid. § Trust receipts; all assessments paid.

STOCKS	July	August	September	October	November	December
	Low. High.	Low. High.	Low. High.	Low. High.	Low. High.	Low. High.
Chic. Burl. & Qu.	62 ⅛ – 73 ½	53 – 66	60 ½ – 71	66 ¾ – 77	76 – 83 ¾	68 ½ – 79 ½
Chic. Mil. & St. P.	66 ⅜ – 76	59 ⅞ – 69 ⅛	65 ½ – 73 ⅞	67 ½ – 74 ½	73 ⅜ – 80	70 – 75 ⅜
Chic. & No'west.	92 ⅛ – 101 ½	85 ⅛ – 96	95 – 100	96 ⅝ – 103 ¾	102 ½ – 106 ¼	100 ¼ – 106 ⅜
Chic. R. I. & Pa.	52 ½ – 66 ¾	49 ¼ – 56 ¾	55 ⅜ – 63 ⅜	57 ⅞ – 67 ⅛	67 – 74 ⅞	64 – 70 ¼
Louisv. & Nash.	42 ⅜ – 49 ¾	37 ⅛ – 44 ⅞	38 ⅞ – 44 ⅜	41 ¼ – 48 ⅛	47 ⅛ – 53 ⅛	45 ⅜ – 51
Missouri Pacific	15 ⅛ – 21 ¾	15 – 17 ⅞	17 – 21 ½	18 ⅜ – 22	21 ½ – 26 ⅛	18 – 22 ⅞
Northern Pacific	†5 ½ – 8 ½	‡3 ½ – §10 ⅜	§9 ⅞ – 14 ⅜	§12 ½ – 14 ¾	§14 ¼ – 16 ⅞	§12 ⅜ – 15 ⅛
Pref.	†12 ¼ – 17	‡10 – 18 ⅝	§17 ½ – 22	§18 ¾ – 22 ½	§22 ½ – 28 ⅜	§21 ⅜ – 25 ¼
Union Pacific	5 ¾ – 7 ⅝	4 – 6 ⅛	5 – 7 ¼	5 ⅞ – 9 ¼	9 – 12 ½	8 – 11 ½
Am. Sugar R. Co	100 – 111 ½	95 – 108 ⅞	107 ¾ – 117 ⅜	105 – 116	115 ⅜ – 125	108 – 117 ⅜
Am. Tobacco Co.	55 – 62 ⅝	51 – 60 ⅞	58 ⅞ – 67 ¼	60 ⅜ – 76 ½	74 ⅝ – 84	73 ⅜ – 80 ½
Chicago Gas Co.	49 ½ – 63 ¼	44 ⅜ – 54 ⅛	53 ⅜ – 63 ¼	57 ¾ – 71 ½	71 ⅜ – 78 ¾	70 – 77 ¼
Gen. Electric Co.	20 – 27 ⅝	21 ½ – 25	23 ½ – 29 ½	24 ½ – 29 ½	29 ¼ – 35 ½	29 – 33 ⅞
West. Union Tel.	77 – 83 ⅜	72 ⅜ – 79 ½	77 – 84 ⅞	81 ½ – 86 ⅛	85 – 90 ¾	80 ⅞ – 87 ½

* Trust receipts; 1st instalment paid. † 2nd instalment paid.
‡ 3rd instalment paid. § Trust receipts; all assessments paid.

PRICES OF RAILROAD AND MISCELLANEOUS *STOCKS* IN NEW YORK—*1897*.

STOCKS	January Low. High.	February Low. High.	March Low. High.	April Low. High.	May Low. High.	June Low. High.
Chic. Burl. & Qu.	69 ¾ – 77 ¾	73 ¼ – 75 ⅞	69 ¾ – 78 ½	69 ½ – 73 ⅝	72 – 77	77 ¼ – 85
Chic. Mil. & St. P.	72 ¼ – 77 ⅝	74 ¼ – 77 ¼	71 ¾ – 78 ½	69 ¼ – 73 ⅞	71 ¾ – 76	76 ⅝ – 83 ¼
Chic. & No'west.	102 ¼ – 105 ¼	103 – 105 ⅝	103 ⅛ – 110 ¾	101 ¾ – 105 ¼	102 ¾ – 107 ⅜	107 ½ – 118 ¼
Chic. R. I. & Pa.	65 ⅞ – 70	65 ¾ – 69	60 ⅞ – 69 ⅝	60 ¼ – 63 ½	61 ½ – 66 ⅝	66 ¼ – 76 ⅞
Louisv. & Nash.	47 ⅞ – 52 ½	48 ⅞ – 51 ⅞	44 ½ – 50 ⅝	40 ⅝ – 46 ⅞	43 – 46 ¼	46 ¼ – 52 ¼
Missouri Pacific	20 – 24 ¾	19 ¼ – 23	14 ½ – 22 ¼	13 ¾ – 16 ⅝	10 – 15 ¼	14 ¾ – 20 ½
No. Pacific Ry. vot. tr. rec.	13 – 15 ⅝	13 ⅞ – 16 ¾	11 ¾ – 14 ¾	11 – 13 ¼	12 – 13 ⅜	13 – 15 ⅞
Pref. v. tr. rec.	32 ½ – 38 ¼	36 ¼ – 38 ⅞	33 ½ – 38 ⅜	33 ¼ – 37	34 – 38 ⅝	38 ¼ – 43 ⅞
Union Pacific	6 ¼ – 10	6 ½ – 7 ⅝	5 ½ – 7 ⅝	4 ½ – 6 ¼	5 ⅝ – 7 ⅞	5 ¼ – 8
Am. Sugar R. Co	110 – 118 ½	110 ½ – 117 ⅝	109 ¼ – 118 ⅞	109 ¼ – 115	112 ¼ – 118	115 – 130
Am. Tobacco Co.	73 ¼ – 79 ½	67 ½ – 75 ⅝	71 ¼ – 79 ⅝	68 ½ – 75 ¼	67 ¼ – 72 ¼	71 ¼ – 79 ¼
Chicago Gas Co.	73 ¼ – 79 ⅜	75 ⅝ – 78 ¾	75 ¼ – 81 ⅝	77 ⅜ – 84 ⅜	78 ¾ – 84	83 ½ – 96 ⅝
Peoples' G.-L. & C., Ch.						
West. Union Tel.	82 ¾ – 86	81 – 84 ½	82 ¼ – 86 ½	77 ¼ – 82 ½	75 ¾ – 80 ⅝	78 ¾ – 85

* All assessments paid. † 1st instalment paid.
‡ 2nd instalment paid.

STOCKS	July Low. High.	August Low. High.	September Low. High.	October Low. High.	November Low. High.	December Low. High.
Chic. Burl. & Qu.	81 ¾ – 89 ¾	87 ½ – 99 ¼	96 ⅝ – 102 ¼	91 ⅞ – 99 ½	89 ¾ – 96 ¾	94 ⅝ – 100 ⅞
Chic. Mil. & St. P.	81 ¾ – 89	86 ⅞ – 96	94 ⅞ – 102	91 ⅞ – 98 ⅜	89 – 93 ⅞	92 ¾ – 96 ¾
Chic. & No'west.	115 ⅝ – 118 ½	117 ¾ – 121 ¾	120 ½ – 132 ½	121 ¾ – 127 ⅞	117 – 123 ⅝	119 ¼ – 124 ⅛
Chic. R. I. & Pa.	73 – 83 ¾	81 ⅞ – 91 ¾	89 ⅞ – 97 ¾	84 ⅞ – 92 ¼	81 ¼ – 88 ½	88 ⅜ – 92 ⅛
Louisv. & Nash.	49 ¼ – 55 ⅝	55 ⅜ – 62 ⅝	57 ⅞ – 63 ⅞	54 ⅝ – 61 ¼	51 ⅛ – 56 ⅝	54 ⅝ – 58 ⅝
Missouri Pacific	18 ⅝ – 27	24 ¼ – 39 ¼	32 ¼ – 40 ¼	27 ½ – 35 ¼	25 ⅞ – 31 ⅞	29 ½ – 35 ⅞
No. Pacific Ry. vot. tr. rec.	13 ¾ – 15 ⅝	15 ¼ – 18 ⅝	17 ¾ – 21 ⅞	17 ½ – 21 ⅝	16 ⅜ – 19 ½	19 ¼ – 22 ¾
Pref. v. tr. rec.	39 ⅞ – 45 ½	45 ¼ – 51 ⅞	49 ⅞ – 57	50 ½ – 55 ⅞	48 ⅝ – 56 ¼	55 ⅝ – 61 ⅝
Union Pacific	5 ⅞ – 8 ⅜	7 ¾ – †18 ⅞	‡16 ¾ – ‡24 ⅞	‡20 ¼ – ‡27 ¾	‡18 ¾ – *24 ⅛	*23 ⅞ – *26 ½
Am. Sugar R. Co	125 ⅝ – 146 ¾	138 ½ – 157 ¾	142 ¾ – 159 ½	137 – 150 ¼	126 ¾ – 143	135 ⅝ – 145 ½
Am. Tobacco Co.	73 ½ – 85	83 – 96 ¾	87 – 96 ⅝	78 ⅞ – 90 ¼	78 ¾ – 83	81 ½ – 90 ⅛
Chicago Gas Co.	92 ¼ – 99 ¾	99 ⅝ – 103 ¾	98 ½ – 108 ¾	87 ¼ – 102	92 ½ – 97 ⅝	
Peoples' G.-L. & C., Ch.				92 ½ – 94 ⅝	91 – 96 ¾	93 ¾ – 97 ⅝
West. Union Tel.	83 ½ – 86 ½	85 ⅞ – 94 ½	89 – 96 ¾	87 ¼ – 91 ⅞	84 ½ – 88 ½	87 ½ – 91 ⅞

* All assessments paid. † 1st instalment paid.
‡ 2nd instalment paid.

APENDICE 2: RANGO ANUAL DE PRECIOS EN LAS ACCIONES ACTIVAS.

La extrema fluctuación de los precios de las acciones más activas durante los últimos cuatro años se muestra en la siguiente tabla. Nótese que no solo hemos indicado los precios de los máximos y mínimos del mercado de cada año si no el mes y día en que esos máximos y mínimos se alcanzaron.

STOCKS	Year 1894.		Year 1895.	
	Lowest.	Highest.	Lowest.	Highest.
RAILROADS				
Chic. Burl & Quincy	68 5/8 Dec. 1	84 1/8 Mar. 21	69 Mar. 4	92 1/8 July 29
Chic. Mil. & St. Paul	54 1/4 Jan. 3	67 3/8 Sept. 6	53 7/8 Mar. 9	78 7/8 Sept. 4
Chic & Northwestern	96 1/4 Dec. 5	110 5/8 June 7	87 3/8 Mar. 4	107 1/2 Feb. 16
Chic. R. I. & Pacific	58 1/2 Oct. 11	72 3/8 Apr. 7	59 Dec. 21	84 3/8 Aug. 28
Louisville & Nash	40 7/8 Jan. 12	57 3/8 Sept. 22	39 Dec. 20	66 1/8 Sept. 4
Missouri Pacific	18 1/8 Jan. 5	32 1/2 Apr. 7	18 5/8 Mar. 11	42 1/2 Sept. 9
No. Pa. vot. tr. ctfs.	....	....	....	....
Union Pacific	7 July 30	22 1/2 Mar. 31	4 Dec. 30	17 1/2 May 11
MISCELLANEOUS				
Amer. Sugar Ref. Co.	75 5/8 Feb. 1	114 7/8 Aug. 21	86 1/2 Jan. 3	121 3/8 June 13
Amer. Tobacco Co.	69 7/8 Jan. 2	107 Aug. 27	63 Dec. 9	117 May 27
Chicago Gas	58 3/4 Jan. 3	80 June 35	49 7/8 July 16	78 1/4 Jan. 11
General Electric	30 3/8 Jan. 3	45 1/8 Mar. 8	20 Dec. 20	41 Sept. 9
People's Gas L. & Coke (Chic.)	....	....	....	....
Western Union Tel.	80 7/8 Jan. 3	92 1/2 Sept. 11	82 1/2 Dec. 20	95 3/8 Sept. 3

EL JUEGO DE WALL STREET EN SU CONTEXTO.

Por. Buenaventura Baiget García-Cuervo

La actualidad de un texto de hace más de un siglo.

El juego de Wall Street está escrito en 1898, y sin embargo prácticamente todo lo que se dice en él suena de plena actualidad al lector de hoy que tenga una mínima experiencia en los mercados financieros. Y más aún a aquellos que tengan el análisis del precio y el volumen como filosofía de trading.

La clave de este fenómeno posiblemente que nos la da Jesse Livermore, a través de su biógrafo oficioso, Edwin Lefèvre, cuando en el capítulo 19 de las "Memorias de un operador de bolsa"[52] hace una disertación sobre los grandes titanes de la especulación del siglo XIX.

Pone Lefèvre en boca de Livingston (el socias de Livermore en el libro) en 1923, fecha de publicación de libro, que "hoy en día es muy difícil aprender a manipular valores a partir de las historias que se cuentan en las oficinas de los agentes después del cierre del mercado. La mayoría de trucos, estratagemas y expedientes de tiempos pasados son obsoletos e inútiles, cuando no ilegales o impracticables. Las reglas y condiciones del mercado de valores han cambiado y la historia, aunque tenga todos los detalles exactos, de lo que Daniel Drew o Jacob Little o Jay Gould podían hacer hace cincuenta o setenta y cinco años no tiene apenas interés".

Sin embargo "resulta beneficioso estudiar los factores humanos, la facilidad con lo que los seres humanos creen aquello que les complace creer, y cómo se dejan influir por su avaricia o por el coste de la negligencia del hombre medio. El temor y la esperanza continúan iguales, por lo que el estudio de psicología de los especuladores es tan valioso como siempre. Las armas cambian, pero la estrategia sigue siendo la misma, tanto en la Bolsa de valores de Nueva York como en el campo de batalla. Creo que el resumen más claro de toda la situación lo hizo Thomas F Woodlock cuando declaró: "los principios de la especulación bursátil de éxito se basan en el supuesto de que las personas continuarán cometiendo en el futuro los mismos errores que han cometido en el pasado."

Es decir, puede que se prohíban prácticas y que determinadas fórmulas para manipular el mercado hoy día ya no sean practicables, pero lo que fundamentó en otros tiempos estas manipulaciones sique siendo lo que fundamenta las prácticas manipulativas de hoy en día. Porque esta base no es otra que la psicológica y la naturaleza humana, fija e inmutable desde los albores de la humanidad.

Pero antes que nada, veamos el contexto histórico del libro que hemos leído.

1792. El embrión de la NYSE.

Fue en 1792 cuando un grupo de 27 agente de bolsa o intermediarios dedicados a la negación en valores públicos se reunieron bajo un sicomoro cerca de Wall Street para firmar un acuerdo privado de colaboración y no competencia, unas comisiones mínimas a cobrar a sus clientes y preferencia entre ellos a la hora de cerrar negocios. Es en dicha década cuando empezaron a crearse las primeras cámaras de comercio, embrión de las futuras bolsas, en Estados Unidos (Nueva York, Philadelphia, Bostón, Chicago).

Aquel mercado inicial era muy pequeño, dominado por la negociación de obligaciones del estado. Tan solo se negociaban acciones de unos pocos bancos locales, compañías aseguradoras y empresas de servicios públicos. El volumen de negociación era muy exiguo y tan solo unas pocos empresarios estaban interesados en ello.

Tendremos que esperar a 1815 para ver cotizar la primera acción emitida por una empresa que no fuera un banco o una compañía de seguros: la New York Manufacturing Company. La aparición y generalización del uso de la máquina de vapor permitió que fueran surgiendo nuevas y más poderosas industrias, con unas necesidades de financiación que iban más allá del esfuerzo individual de un solo empresario o un número limitado de socios. Las nuevas empresas industriales empezaron a adoptar la forma de joint-stock companies, predecesoras de las futuras sociedades de capital, y el mercado de valores se contemplaba como el vehículo idóneo para conseguir la participación de nuevos socios y captación de nuevo capital para cubrir sus cada vez mayores necesidades de financiación.

La falta de información.

No obstante, existía un grave problema que limitaba la expansión y buen funcionamiento de estos incipientes mercados de valores: la nula información que los posibles inversores tenían sobre las compañías que cotizaban sus acciones. En 1825 la Junta de Comercio de New York solicitó por primera vez información a una compañía, la New York Gas Light Company, pidiéndole que facilitara información suficiente para que el público pudiera conocer la situación real de la compañía. Pero la petición no fue atendida por la empresa, pues las compañías consideraban que se trataba de datos privados y secretos a los que nadie debía tener acceso.

Esta actitud fue una constante hasta bien entrado el siglo, hasta el punto que la NYSE, ante el hecho de que las empresas industriales se negaban a dar la más mínima información sobre ellas para ser incluidas en las listas oficiales de cotización, tuvo que crear una sección de empresas industriales anónimas, que no exigía ninguna información para incluir a las empresas a cotización y funcionaba bajo el nombre genérico de "Industriales".

Otro hecho significativo es que cuando Dow crea su famoso índice industrial Dow-Jones tan solo consigue listar 12 empresas industriales de las miles de empresas existentes, y todo por la renuencia a facilitar información interna, y eso que cundo se publica estamos ya en pleno siglo XX.

El boom del ferrocarril da vida a las bolsas.

En el año 1830 se produce un hito importante que dará un vuelco a la expansión de los mercados financieros: cotiza la primera empresa ferroviaria, la Hudson and Mohawk.

La industria ferroviaria será la primera industria importante que utilizará los mercados financieros como factor fundamental para su financiación y expansión.

Desde la década de 1830 hasta fin de siglo, el mercado de acciones estuvo dominado por la negociación de las acciones de las cientos de empresas ferroviarias que se fueron creando a lo largo y ancho del territorio. En los Estados Unidos se construyeron hacia el año 1837 más líneas ferroviarias que en cualquier otro país del mundo.

El establecimiento de una nuevo trayecto ferroviario suponía un esfuerzo titánico, tanto técnico como financiero, y desde un principio se vio claro que la forma de recabar dicha financiación estaba en el mercado de acciones.

La competencia entre las compañías pronto se convirtió en una competencia feroz de forma que las pequeñas compañías estaban constantemente siendo objeto de agresiones por vía de fusiones y absorciones, más o menos voluntarias, para lo cual el mercado de acciones se erigió como el perfecto instrumento para ejecutar tácticas de absorción hostil de pequeñas compañías mediante la adquisición de su accionariado, con o sin previa manipulación del precio de las mismas.

Por otro lado surgió un nuevo personaje dentro del mundo de los mercados: el especulador profesional. Este nuevo personaje no tenía ningún tipo de interés en el negocio que estaba detrás de cada acción sino que tan sólo buscaba obtener un beneficio apostando por el sentido que tendría el precio de esa acción a corto o, como mucho, medio plazo. Aunque siempre había existido quien se dedicaba a enriquecerse con el arbitraje de precios entre distintas bolsas y mercados, o buscando ventaja en la obtención de información privilegiada (Rotchild en Inglaterra sin ir más lejos con a batalla de Waterloo), sin embargo el nuevo especulador era un producto fruto de las nuevas características del mercado surgido al calor de las empresas ferroviarias.

En 1837 la nación sufrió un severo hundimiento del mercado de valores motivado una quiebra del frágil sistema bancario nacional. La crisis bancaria afectó directamente a la bolsa y creó un periodo de recesión de 6 años. En palabras de Mark Smith: "Las vertiginosas fluctuaciones en el precio de las acciones que se produjeron durante el período pusieron en primer plano un nuevo tipo profesional de participante en el mercado, interesado menos en cumplir órdenes de inversores externos que en explotar jugadas a corto plazo con el precio de las acciones"[53]

Fruto directo de dicha aparición fue la invención, precisamente en ese año, de las short sale o venta a corto al descubierto, es decir, la venta de una acción sin tener posesión de la misma, con la esperanza de que su precio bajará y en el momento en que deba ser entregada pueda ser adquirida a un precio menor al que se vendió. Cuenta la leyenda que el inventor de esta forma de operar fue el primer especulador que alcanzó el estatus de mito de los mercados: Jacob Little, quien tuvo el honor de ser el primer "bear" (oso), de la historia, mote que se le impuso por su práctica habitual de vender la piel del oso antes de haberlo cazado.

Fue algo inevitable que los directores y magnates de las líneas ferroviarias pronto vieron que la habilidad en el mercado de estos especuladores les podía ser muy útil, produciéndose una poderosa alianza entre ambos intereses, de forma que los más grandes y famosos especuladores pasaron a dirigir los pools que manejaban cada una de las acciones de las compañías, tanto en operaciones defensivas como montando campañas para forzar la fusión o absorción con las compañías rivales.

Quizá la más mítica y conocida confrontación fue la producida entre Daniel Drew, un especulador sin escrúpulo alguno que fue la estrella de los mercados financieros a partir de 1850, y el Comodoro Cornelius Vanderbilt, magnate de los negocios forjado a sí mismo en mil y una empresa.

Henry Clews [54], una importante figura del mundo financiero y contemporánea del autor del libro, nos explica cuál era la forma habitual de financiar la construcción de las líneas ferroviarias, que nos da una idea del nivel de manipulación y corrupción existente en aquel momento. al menos bajo las leyes del estado de NY, aunque prácticamente era igual en el resto de estados.

Un grupo de socios formaban una sociedad acogiéndose a la rudimentaria normativa general que regulaba las compañías ferroviarias en aquel momento, registrando el objeto de la sociedad, su capital representado en acciones y bonos, y el resto de circunstancias que la normativa les exigía. Inmediatamente después los mismos socios formaban otra sociedad, esta vez con el objeto social de realizar los trabajos de construcción y suministro del equipamiento necesario para poner en funcionamiento la línea ferroviaria. Luego la empresa ferroviaria contrataba con la otra sociedad los trabajos de construcción y suministro, es decir, los socios de la compañía ferroviaria contrataban en realidad consigo mismos, ahora como empresa constructora o de venta y suministro de material, toda la operación, iniciando así un corrupto círculo vicioso de corrupción desde el nacimiento mismo de compañía. Evidentemente, al hacerlo no dudaban en sacar el mayor provecho posible a la hora de fijar los precios, inflar costes y obtener el mayor beneficio posible con cargo a las arcas de la compañía.

Luego organizaban un ingenioso entramado financiero. La clave era que la empresa constructora acordaba construir la línea por un precio que suponía entre el 80 y el 100% del capital social representado en bonos garantizados hipotecariamente, acciones, e incluso de una segunda emisión de bonos hipotecarios. Al contratista se le pagaba con dichos bonos y acciones, de forma que podía disponer ellos bien para venderlos al público a través de diversos bancos, bien para a su vez pagar a sus suministradores. Al finalizar la construcción, para la que en realidad no se había invertido cantidad alguna en efectivo, una gran parte del capital representado en acciones y bonos hipotecarios de la segunda emisión normalmente quedaban en manos del contratista con el beneficio adicional de poder negociar con ellos en el futuro, mantener el control de la compañía o sacarlos a la venta definitivamente previa la oportuna manipulación del precio de la acción a tal propósito. No olvidemos el detalle que los socios de la empresa contratista y de la ferroviaria eran las mismas personas.

Esta forma de actuar hizo que las compañía ferroviarias estuvieran claramente sobrecapitalizadas, pues el capital representado en acciones y los bonos garantizados acababan teniendo un valor nominal superior en más de un 50% al valor del patrimonio de la compañía, de forma que casi de manera inmediata afloraran los graves problemas de financiación e inestabilidad financiera que durante mucho tiempo sufrieron las compañías ferroviarias.

También propició el surgimiento de un grupo de millonarios que, fruto de la fraudulenta especulación referida, crearon una especie de aristocracia financiera que más de un vez entró en conflicto con los intereses políticos estatales y locales, para lo cual no dudaron en actuar como el poderoso grupo de presión política que eran utilizando las más sucias tácticas gracias a sus enormes fortunas e influencia social.

Estos métodos fraudulentos para crear las compañías ferroviarias derivó a su vez en formas corruptas de regular la competencia. La sobre capitalización existente así como la saturación de líneas paralelas que propició esta forma de construcción y financiación hacía imposible la competencia natural entre las compañías, de forma que salvo aquellas líneas y compañías que realmente eran rentables y estaban correctamente financiadas y gestionadas, la mayoría estaba al filo de la quiebra. En este punto entraron en juego los "pool" de empresas (no confundir con los pool financieros de los que hablaremos más adelante) que unieron los intereses de varias compañías que explotaban líneas ferroviarias paralelas que unían las mismas poblaciones, creando mecanismos de fijación de precios mínimos y distribución y reparto entre sí de la clientela, cubriendo así los costes de explotación de las línea sin preocupares por la rivalidad de la competencia.

Pero los pools tuvieron en su propia forma de actuar la semilla de su castigo puesto que los especuladores pronto se dieron cuenta que podían construir nuevas línea paralelas a un coste significativamente menor al soportado por las compañías que formaban los pool, y luego forzar al pool a que les admitieran en su grupo, obteniendo pingües beneficios al compartir los precios y distribución de la clientela fijadas por el pool para cubrir unos gastos de creación de las líneas muchas veces mayores a los asumidos por los nuevos miembros.

La guerra de secesión.

La crisis del año 1857 contrajo fuertemente la expansión del mercado bursátil, pero se trató de un breve paréntesis pues con el estallido de la Guerra de Secesión estadounidense (1861-1865) el mercado alcanzó un grado de ebullición y especulación nunca antes visto.

La financiación de la guerra fue el principal impulsor de esta ebullición a través de la negociación de los conocidos como Greenbacks, bonos de guerra respaldados por el oro de los estados. Estos Greenbacks, al estar respaldados por oro pero no ser convertibles de forma inmediata sino a la finalización de la guerra, fluctuaba de valor en función de las arcas del estado y la situación especulativa del oro.

Como se suponía que al acabar la guerra serían canjeados por dicho valioso metal según su valor nominal, variaban también de cotización en función de los avatares de la guerra, pues si ganaba el Norte no habría problema para el canje de los mismos, pero si no lo hacía los Greenbacks perderían todo su valor.

La cuestión es que esta situación de alta volatilidad era el caldo de cultivo ideal para que floreciera un lucrativo mercado especulativo.

Por otra parte, el esfuerzo realizado por los estados en involucrar a la mayor parte posible de la población en el esfuerzo de financiación de la guerra hizo que muchas personas, que hasta el momento habían sido completamente ajenas al mercado de valores, entraran por primera vez en contacto con él y se interesaran por negociar, o incluso especular, con los instrumentos financieros estatales que habían adquirido por motivos inicialmente patrióticos, popularizando de esta forma el mercado de valores.

El hecho de que los greenbacks estuvieran respaldados por el oro del Estado tuvieron otro efecto secundario, y es que dado dicho respaldo se empezó a considerar poco patriótico especular con el precio del oro como materia prima. Por ello la Cámara de Comercio de New York (Exchange Board of New York) decidió la exclusión de la negociación con oro en su mercado y cambió su nombre por el definitivo de New York Stock Echange (NYSE) en 1863.

Los historiadores económicos consideran los años de la guerra como la frontera entre el antiguo y rudimentario mercado bursátil inicial y el mercado bursátil industrial, dada la radical trasformación que supuso no tanto por el resurgimiento económico que se produjo tras finalizar la guerra, como por la obligada modernización del sistema financiero y bancario que hubo que asumir para financiarla.

La bolsa post bélica.

La bolsa post bélica continuo estando dominada por las empresas ferroviarias. Como informa Mark Miths, entre 1865 y 1870 los kilómetros de vías ferroviarias se duplicaron, pasando de 56.000 a 112.000 Kms. Las inversiones en manufacturas de capital agregado fueron en 1870 cuatro veces mayores a la suma invertida en el año 1850.

Pero sobretodo, es en la década de los 70 del siglo XIX se produce un fenómeno sin precedentes hasta el momento: los avances en materia de comunicaciones permiten crear por primera vez un mercado de acciones verdaderamente nacional. La aparición e implantación de las líneas telegráficas y la aparición del Ticker se convirtió en un elemento fundamental.

El telégrafo y la gran revolución del ticker.

El telégrafo había sido inventado por Morse antes de la Guerra Civil Americana, y utilizado de forma más o menos generalizada para las comunicaciones durante la misma. Pero su gran expansión se produjo al finalizar la guerra, cuando Western Unión lo popularizó, extendió los grandes tendidos de cables telegráficos e imponiéndose como la empresa de telegrafía líder del mercado de EEUU.

Si para la sociedad en general la rapidez e inmediatez de las comunicaciones que supuso la implantación y extensión de las líneas telegráficas supuso un impacto de unas dimensiones que hoy nos es difícil calibrar, quizás solo comparables a las de la aparición de Internet en nuestros días, para los mercados financieros el impacto del telégrafo provocó una verdadera revolución.

Permitió por primera vez emitir órdenes de compra y venta de valores desde cualquier lugar del país de forma casi inmediata a diferencia de lo que ocurría hasta ese momento, cuando solo era posible operar estando físicamente en el propio mercado o muy próximo a él.

Posibilitó la expansión del ámbito geográfico de las principales bolsas y mercados, que pasaron a tener un alcance local a uno nacional e incluso internacional tras el establecimiento de los primeros cables telegráficos transoceánicos. Pronto empezaron a crearse compañías especializadas en transmitir órdenes al mercado a cambio de una pequeña cuota o canon de utilización, como por ejemplo Adams Express.

Pero poder mandar y recibir órdenes con rapidez y desde cualquier lugar, por muy alejado que estuviera del mercado, no era una gran ventaja si no se podía conocer cuál era la cotización de los valores en cada momento. De ahí que los ingenieros de las compañías telegráficas y los agente de bolsa y juntas directivas de bolsas y mercados se pusieran rápidamente a trabajar en la creación de un telégrafo continuo que pudiera transmitir de forma ininterrumpida los precios de los valores.

Parece ser que el primer aparato que funcionó con cierto éxito fue inventado por S.S. Laws, vicepresidente de la NY Gold Exchange en 1866. Esta máquina, que era muy sencilla, imprimía la información del precio del oro de forma continua en una cinta de papel (tape) que era leída por los operadores (tape reading).

El año siguiente E.A. Calahan, un operador de la American Telegraph Company, perfeccionó la máquina de cotizaciones del oro y la llamó "Tiker", modificándola para que pudiera imprimir de forma continua la cotización de diversas acciones. Consiguió soporte económico y creó la Gold and Stock Telegraph Company a principios de 1868.

Casi simultáneamente, Thomas Edison perfeccionó el sistema telegráfico al inventar el multiplex, que permitía emitir hasta cuatro datos simultáneamente por un mismo cable, y Western Unión, para la que trabajaba Edison, creó su propio servicio de tiker.

Las empresas de tiker empezaron a proliferar con gran rapidez, aunque Western Union las fue absorbiendo casi todas, no sin algún que otro contratiempo como la guerra comercial que se desato al rehusar la fusión la empresa Comercial Telegraph, que provocó una cruenta guerra de precios que llevó los cánones de conexión a precios muy bajos (10$ mensuales). Finalmente los rivales llegaron a un acuerdo y subieron los precios de forma coordinada, algo que disgustó mucho a los agente de bolsa y a la propia NYSE.

La NYSE por su parte observaba con mucho interés este fenómeno. Por una parte suponía una gran herramienta para ampliar y extender su negocio. Pero por otra las compañías de tiker no estaban bajo su control y utilizaban unos datos que se podía considerar que eran de propiedad de la bolsa. Pronto empezaron los intentos de controlar estas compañías aunque sin mucho éxito, hasta que en 1885 la NYSE consiguió echarlas de las salas de contratación. Impuso un acuerdo a las compañías a fin de que éstas pagaran un canon para tener derecho de acceso a los datos y admitieran el control de los mismos por la NYSE. Finalmente a NYSE adquirió el control de una empresa de tiker, la Comercial Telegraph, que transformó en la New York Quotation Company creando así su propia compañía.

Lo importante es que para aquel entonces las juntas directivas de las bolsas y mercados financieros habían aprendido que, a pesar de no ser el objetivo principal de sus negocios, los datos por sí mismos tenían un gran valor, eran una gran fuente de ingresos y su control una gran fuente de poder.

El efecto de la implantación del tiker fue tremendo. La Coordinación y la eficiencia de la contratación se vieron notablemente mejoradas. El tiempo requerido para colocar en el mercado una orden hecha a larga distancia se redujo a pocos minutos, incluso cuando eran órdenes transoceánicas. Como resultado, los diferenciales de precios entre distintos mercados prácticamente desaparecieron, limitando mucho las operaciones de arbitraje tan comunes hasta entones[55].

En la medida en que la geografía y la distancia se convirtió en un hecho irrelevante New York y Chicago se convirtieron en los mercados dominantes en sus áreas geográficas al mismo tiempo que extendían su ámbito de influencia, y el resto de bolsas quedaron relegadas a un papel meramente secundario y local, de forma que hacia 1910 el 90% de toda la negociación en bonos y dos tercios de la de acciones del país se realizaron en la NYSE.

A raíz de la aparición del tiker y la facilidad que supuso para el acceso a los datos de cotización y financieros de los principales mercados aparecieron las primeras columnas y página de información financiera de los principales periódicos y revistas de actualidad. Esta información, así como la difusión de noticias sobre los operadores de éxito y los valores con los que trabajaban, fue clave en la popularización de la especulación en los mercados financieros entre el público. Poder tener acceso a diario a dicha información hizo posible que muchos pequeños profesionales, e incluso asalariados con pequeños ahorros, empezaran a pensar que era posible sacar provecho de estos mercados.

El tiker cambió también los hábitos e incluso la psicología de los operadores hasta el punto que su información se convirtió en un elemento tan imprescindible que difícilmente se podía concebir el trading y la especulación sin un tiker más menos cerca.

El tiker ofrecía un flujo constante de información hasta entonces nunca visto, mucho más eficiente que cualquier de los métodos anteriormente utilizados para ello, y el continuo flujo de información se hizo indispensable para los operadores en la misma escala en la que se produjo en toda la sociedad una imparable necesidad de tener un constante flujo de información y noticias que hasta la invención y extensión del telégrafo no existía.

Para muchos moralistas la aparición del tiker fue el desencadenante que convirtió la especulación y la bolsa en una verdadera adicción. Los especuladores profesionales, pero sobretodo los aficionados, se agolpaban en las salas de los agente de bolsa que ponían a su disposición la información continua del tiker. Y estas salas eran caldo de cultivo para soplos, chivatazos, consejos más o menos bien intencionados, difusión de noticias interesadas o directamente falsas para manipular el mercado.

La aparición del ticker y la cada vez mayo popularización del mercado financiero también propició la aparición de otro de los protagonistas del libro, las bucket shop.

Las bucket shop.

Se trataba de establecimientos donde los clientes podían apostar pequeñas sumas de dinero sobre el futuro movimiento del precio de acciones y materias primas.

El propietario de la bucket shop era quien daba la contrapartida al apostante y no ejecutaba órdenes en ninguna bolsa oficial o mercado. En realidad eran una especie de casas de apuesta que en lugar de apostar por las carreras de caballo u otros acontecimientos deportivos lo hacían sobre el sentido del precio de las acciones y las materias primas.[56]

Las bucket shop se convirtieron en una especie de mercado en la sombra que no afectaba al precio real de las acciones y materias primas pero que llegó a alcanzar tal tamaño e importancia que llegó a convertirse en competencia directa de los agente de bolsa, a los que restaba clientes.

Las bucket shop aparecieron por primera vez en New York en 1877, y en pocos años se habían extendido a Chicago, Milwaukee, St Louis y otros centros comerciales.

Como decía, fue la aparición y difusión de la red de tiker lo que permitió que las bucket shop se presentaran como unos establecimientos a medio camino entre la casa de apuestas y el agente de bolsa.

Sin duda fueron una forma de difundir y popularizar la especulación en valores y materias primas entre las personas que normalmente no tenían acceso a las oficinas de los agente de bolsa.

Los agente de bolsa eran muy exigentes a la hora de escoger sus clientes. No querían atender a personas que no tuvieran cierta experiencia en los mercados y una solvencia económica suficiente para hacer frente a las obligaciones que pudieran contraer con ellos. Las mujeres y hombres de color estaban completamente excluidos de acceder a las grandes agente de bolsa, y las capas más populares y económicamente desfavorecidas de la población también.

Por ello inicialmente las bucket shop no se vieron como una especial alarma, sino más bien como una forma de popularizar y acercar los beneficios de los mercados financieros a las clases populares inicialmente rechazadas por los agente de bolsa establecidos en Wall Street.

Pero a medida que se fueron popularizando y creciendo exponencialmente en número, bolsas, mercados y agente de bolsa se dieron cuenta que suponían una seria competencia y que absorbían un importante número de clientes, especialmente aquellos con un espíritu más especulativo y que estaban dispuestos a operar con margen.

Por otra parte estas empresas actuaban en los límites de la legalidad y moralidad de la época, cambiaban de nombre y localización frecuentemente, y no llevaban ningún tipo de contabilidad, por lo que es difícil saber hasta qué punto estuvieron realmente extendidos.

Los archivos de Western Unión, quien les facilitaban acceso al tiker, y los informes elaborados por las distintas bolsas y mercados de la época ponen de manifiesto que eran muy populares y una forma muy habitual de acceder por primera vez al mundo de la especulación.

Un artículo publicado en el Chicago Tribune en septiembre de 1879 describe una bucket shop como un lugar en el que "no eran necesarios los agente de bolsa y cualquier persona, hombre o mujer, chico o chica, blanco, negro, amarillo o bronce podía negociar directamente".

Sus clientes más frecuentes eran los jóvenes empleados en las empresas de agente de bolsaage y bancos que así tenían la posibilidad operar con la información y conocimientos que iban adquiriendo en sus puestos de trabajo. Estos empleados carecían de los recursos financieros y profesionales necesarios para acceder al mercado de acciones y materias primas profesional, pero tenían un acceso directo a la información financiera y se movían en una atmósfera de trabajo altamente especulativa. Un ejemplo celebre es Jesse Livermore, que hizo sus primeros miles de dólares operando en bucket shops antes de los 16 años mientras trabajaba como botones para el agente de bolsa Paine Webber de Boston.

Hacia 1880 las bucket shop se habían extendido como una plaga, incluso fuera de los distritos y ciudades financieras del país. Además ganaban popularidad en sectores de la población como las mujeres, que preferían acudir antes a las bucket shop que a los agente de bolsa para evitar la desaprobación y trato machista que solían recibir de los mismos.

A finales del siglo XIX no es ya que las bucket shop hubieran salido de las ciudades y centros financieros extendiéndose por todo el país, sino que empezaron a realizar una feroz y agresiva competencia a los agente de bolsa establecidos, con anuncios de prensa y todo tipo de publicidad y propaganda.

A medida que se extendían y popularizaban empezaron a organizarse y concentrarse. El New York Times de principios de 1887 relata que una asociación popularmente conocida como "the big four" controlaba los bucket shop de Manhattan, tenía sucursales en todas las grandes ciudades del país, y trabajaba con millones de dólares de capital.

Haig and Freese Company, especializada en acciones de la NYSE, operaba con setenta sucursales.

Coe Commission Company de Minneapolis, especializada en la cotización de granos, operaba con más de cien oficinas a lo largo de los estados del norte, desde Boston a Spokane.

MJ Sage Company of New York, especializada en la cotización del algodón, controlaba doscientas oficinas en el sur.

Aunque la mayoría de los clientes de las bucket shop eran, como se ha descrito, empleados de bancos y agencias de agente de bolsa, también contaban como clientes a personas sin experiencia y que se estaban introduciendo en el mundo financiero, que no siempre tenían la habilidad o la fortuna de salir adelante en el mundo de la especulación.

Una parte de la prensa sensacionalista se centró en exponer estos casos. Todas estas noticias y casos fueron creando una opinión contraria a las bucket shop cada vez más generalizada, avivada por los agente de bolsa que cada vez se veían más afectados en su propio negocio.

Las bucket shop se defendían diciendo que aunque no invirtieran realmente en la compra y venta de acciones o materias primas, hacían exactamente lo mismo que un agente de bolsa, con las mismas garantías y márgenes. Para dar más apariencia de seriedad y similitud con los agente de bolsa decoraban sus oficinas de forma idéntica a la de los agente de bolsa, con grandes pizarras con las cotizaciones, tiker y toda la parafernalia correspondiente.

La principal diferencia entre los agente de bolsa y las bucket shop era el tipo de relación que se entablaba con el cliente.

Los agente de bolsa partían de una relación de confianza como intermediarios y mandatarios suyos para tomar en su nombre posiciones en el mercado según las instrucciones recibidas, liquidarlas y llevar una cuidadosa contabilidad de todas estas operaciones.

En cambio los propietarios de las bucket shop estaban en una relación competitiva con sus clientes ya que eran su contraparte en un juego de suma cero. Las bucket shop recibían sus principales beneficios de las pérdidas que sufrían sus clientes, no de una comisión legítima como los agente de bolsa. Prueba de ello es que

Jesse Livermore fue vetado en las bucket shop de Boston, New York, Hoboken y St. Louis cuando vieron que ganaba de forma continua y consistente en sus operaciones.

Otra importante diferencia estaba en los lotes mínimos con que operaban (prácticamente desde 1 acción), los márgenes que exigían como garantía y las comisiones que cobraban.

Una operación típica de las bucket shop era la de coger operaciones a crédito o con margen, igual que los agente de bolsa, pero con un margen mucho menor y lotes de acciones también menores. La NYSE por ejemplo exigía un margen mínimo del 10% y lotes de no menos de 100 acciones, de forma que la más pequeña operación suponía disponer de miles de dólares. Por su parte, las operaciones de las bucket shop solían exigir un margen de 10 o 15 dólares. Por ejemplo, Haigth and Freezee exigía una comisión del 8% y requería un margen mínimo del 3%, tres centavos por bushel de grano o un dólar por cada bala de algodón de cinco libras.

Aunque en teoría la bucket shop conseguían sus beneficios de las comisiones que cobraban a sus clientes, en realidad lo hacían con distintas prácticas deshonestas, de las que la más común era la de forzar la pérdida o reposición de márgenes.

En una operación normal con un agente de bolsa el cliente sólo tenía que reponer sus márgenes o vender con pérdida si como mínimo el precio de la acción se deprecia un 10%, lo cual supone una caída significativa del precio.

Pero en una operación abierta en una bucket shop, donde se habían depositado 15 dólares de margen y comprado lotes muy pequeños de acciones, era suficiente una caída de un 3% del precio de la acción para que ya se solicitara la ampliación del margen o bien se cerrará la posición quedándose la bucket shop el dinero invertido, pues no olvidemos que el dinero íntegro lo tenía el establecimiento que nunca destinaba el dinero recibido del cliente en la compraba ninguna acción real.

Otra práctica usada eran las llamadas "Wash sales". Consistía en hacer saltar los márgenes de sus clientes forzando la caída del precio de las acciones.

Los clientes de las bucket shop tenían una clara tendencia a ser alcistas y a pensar que todas las acciones sobre las que operaban iban a subir. Los propietarios hacían correr rumores o daban consejos sobre una determinada acción, y cuando conseguían convencer a un buen número de clientes de que la compraran, en connivencia con agente de bolsa menos escrupulosos de lo habitual, entraban cortos en la acción en el mercado real para conseguir que el precio cayera momentáneamente y de esta forma hacer saltar los márgenes de sus clientes que, o bien perdían su inversión, o bien tenían que ampliar el margen. Se trata de una práctica que Jesse Livermore relata y que los periódicos de la época también denominaban como "bucket shop drive".

También algunas bucket shop retrasaban el suministro de la información de la cotización facilitada a sus clientes, contando así con información privilegiada que les permitía rechazar de antemano operaciones en las que sabían que sus clientes serían ganadores.

Por otra parte, las bucket shop violaban en muchos estados las normas existentes contra el juego. En los años ochenta del siglo XIX muchos estados prohíben operar con acciones y materias primas si no existe una entrega real de las acciones o de las mercancías. Este fue uno de los grandes caballos de batalla de los agente de bolsa contra las bucket shop, pues estos decían que en sus operaciones siempre se hacían compras y ventas reales y se entregaban los certificados de las acciones o, finalmente, las mercancías sobre las que operaba. Sin embargo los propietarios de bucket shop mantenían que eso solo era formalmente cierto pues en muchas operaciones de los agente de bolsa no se llegaba a producir esa entrega material porque no daba tiempo a que se produjera ya que se cerraban las operaciones antes del término previsto para la entrega, o bien se realizaban con acciones y mercancías simplemente prestadas o arrendadas como en las operaciones a corto con acciones. Este fue un tema en el que las bucket shop tuvieron que ingeniar varias triquiñuelas legales para continuar funcionando, por ejemplo haciendo firmar a sus clientes el compromiso de que estaban dispuestos a cumplir con las obligaciones de entrega de los títulos o las mercancías en caso de ser necesario.

Es prácticamente imposible saber cuál fue el volumen real de transacciones que pudieron hacerse en la bucket shop, dado que al ser unos negocios muy opacos y que siempre bordaban los límites de la legalidad, no se caracterizaban por llevar una cuidadosa contabilidad como sí hacían los agente de bolsa.

En 1884 el New York Times estimaba que las bucket shop estaban privando a la NYSE de alrededor de 1 millón de dólares al año en comisiones. Y en 1888 estimaba que las bucket shop podían mover alrededor de 1 millón de acciones al día. Para tener un término de comparación, la media diaria de la NYSE en junio de 1888 era de alrededor de 140.000 acciones. La competencia con las bucket shop incluso llegó a provocar una depreciación del canon de compra de un asiento en la NYSE y en el CBOT.

Finalmente fueron las propias bolsas las que tomaron cartas en el asunto a fin de evitar que siguieran funcionando las bucket shop. Esto lo hicieron en varios frentes:

Primero intentando evitar que recibieran los datos de los tiker, para lo cual presionaron a las compañías telegráficas de todas las formas posibles. Faltándoles esa información morirían por falta del principal alimento que necesitaban para negociar: las cotizaciones de las principales acciones y materias primas.

Sin embargo Western Union nunca estuvo dispuesta a colaborar, pues para ellos el gran número de bucket shop que contrataban su servicio constituía una importante fuente de ingresos. No fue hasta 1892 que Western Union se vio forzada a ceder ante la NYSE y comprometerse a tan solo ofrecer el servicio de tiker a empresas de agente de bolsa cuyos miembros formaran parte de la bolsa o que contaran con la previa aprobación de la misma.

Otro frente fue sancionar e incluso expulsar a los miembros de la bolsa que pudieran tener conexiones o estar en connivencia con las bucket shop.

Por último se inició una campaña judicial y a nivel legislativo para prohibir las bucket shop, cosa que poco a poco se fue consiguiendo cuando en 1909 se prohibieron por primera vez en el Distrito de Columbia. La persecución de la bucket shops fue extendiendo por todos los estados, que también fueron dictando normas contra ellas y persiguiéndose incluso policialmente. En 1915 la NYSE certificó su completa erradicación.

Los Pools.

Ya hemos hablado anteriormente de ellos al tratar del boom de las empresas ferroviarias, pero creo que es importante profundizar un poco más en este otro protagonista de libro de Hoyle.

Oficialmente se consideraba que un pool era un acuerdo entre varias personas, normalmente más de tres, para operar activamente en una concreta acción.

Generalmente el propósito de los pool era hacer subir el precio del valor por la acción concertada de los miembros del pool para posteriormente deshacerse de las acciones que habían adquirido a precios más bajos, todo ello de forma rápida y provechosa una vez que se había creado un importante interés entre el público general dada la manipulación llevada a cabo por el pool.

Pero también se podía formar un pool para ayudar al lanzamiento de una nueva compañía o de una nueva emisión de acciones.

Llama la atención que el **STOCK EXCHANGE PRACTICES REPORT,** realizado en **1934** por el Congreso de EEUU, a llegar al tema de los pool empieza indicando que que las operaciones de los pools no van en contra ni entran en conflicto con las reglas de los mercados, ni violan los estándares éticos establecidos por los mismos, y hace un importante esfuerzo dialéctico para distinguir entre pools legítimos y aquellos otros que se considera que llevaban a cabo actividades ilegítimas.

La función teórica de los pools era dar estabilidad al mercado en los periodos de distribución secundaria o cuando se producía una liquidación de acciones por parte de grandes inversores institucionales.

Tan sólo cuando el pool tenía como objeto subir artificialmente los precios de una acción para luego poder distribuir las acciones compradas a precios más bajos podía considerarse que estábamos ante un pool malicioso.

Sin embargo, desde el punto de vista de los participantes del mercado que no estaban incluidos en el pool no existía ninguna diferencia substancial o ética entre unos y otros, pues aunque su intención y finalidad puede que fueran distintas, en realidad sus formas de actuar eran muy parecidas.

No es sino a partir del referido informe de 1934 que se considera que la actividad en general de los pools va en contra de un mercado libre y abierto al crear una apariencia falsa de demanda de la acción que estaban manipulando para que atraer erróneamente la atención del público que pensaba que la demanda era legítima y respondía a los fundamentales de la acción.

Lo cierto es que durante la segunda mitad del siglo XIX, y buena parte del XX, la actuación de los pools estaba enormemente extendida y ningún mercado se libraba de su presencia.

La forma de operar de los pools dependía de que se dieran toda una serie de factores que eran aprovechadas por los directores de los pools:

Un momento propicio para iniciar las operaciones, que normalmente era cuando la atención del público se veía atraída por las circunstancias de una determinada empresa o sector industrial, o por condiciones externas, como podía ser un previsible cambio de la normativa reguladora de una actividad.

La oportunidad de adquisición por los miembros del pool de un bloque de acciones u opciones sobre las mismas.

El pool tenía que asegurarse la adquisición de una cantidad suficiente de acciones a bajo precio que pudiera vender con beneficio una vez acabada la operación o campaña.

Para ello muchas veces era el propio pool quien se encargaba de hacer caer el precio de la acción mediante ventas en corto, o haciendo correr rumores desfavorables sobre la misma.

En ocasiones las opciones y acciones se las facilitaba la propia compañía que tenía interés en dar actividad a la acción para realizar una ampliación de capital o para cualquier otro fin.

En el libro de Lefèvre "Memorias de un especulador de Bolsa" se explican numerosos ejemplos de manipulaciones de este tipo dirigidas por el propio Jesse Livermore.

Una vez que tenía un lote de acciones suficientemente interesante, el pool se encargaba de estimular la actividad de la acción mediante compras y ventas de la acción, una práctica posteriormente prohibida y conocida como Whash-sales. Para esto se utilizaban varios métodos. Por ejemplo, varios agente de bolsa eran autorizados por el pool para ejecutar órdenes de compra y venta de la acción entre ellos de forma que diera la impresión que el público general estaba operando en ella. Pero era el propio pool quien realizaba las compras y las ventas entre sus miembros.

La difusión de información favorable sobre el futuro de la compañía, la acción o el entorno de la misma que atrajera la atención del público y eleva las expectativas de revalorización de la acción. Para ello se valían de un variado número de recursos: filtración de noticias y rumores a la prensa; redacción de circulares y boletines financieros con consejos basados en las falsas informaciones, o incluso la utilización de agencias de publicidad, o el soborno a redactores de publicaciones financieras.

Una vez atraído el interés del público los miembros del pool no tenían si no que dejar que el entusiasmo del público desinformado hiciera subir la acción hasta que o bien se dieran cuenta de que la subida no tenía fundamento real, o bien el propio pool se encargara de organizar la distribución de la acción y la apertura de posiciones cortas para rematar la jugada.

La ayuda de los especialistas para llevar a la práctica las operaciones de los pools era imprescindible. La mayoría de pools contaban con la colaboración de algún especialista en la acción que estaban manipulando para poder llevar a cabo sus campañas.

No hay que olvidar que el especialista es el creador de mercado y por tanto el encargado de ejecutar las órdenes no a mercado de la acción, y que para atender a dicha labor tenía anotado en su libro todas las órdenes que había recibido. Por tanto conocía de primera mano donde se situaban las líneas de oferta y demanda así como el número de acciones a la venta o las órdenes de compra existentes en cada nivel de precios.

Aunque la mayoría de los especialistas negaban que hubieran facilitado la información existente en sus libros a terceras personas, la información privilegiada con la que contaban, el poder económico de los pools, y el hecho de que también podían operar por su propia cuenta les colocaba en una posición extremadamente vulnerable y siempre bajo sospecha.

De hecho la propia NYSE llegó a dictar una norma interna que prohibía a los especialistas y a sus socios tener ningún tipo de contacto ni participación con pools organizados. Aunque la regla tuvo sus efectos, y los especialistas se fueron desligando de la actividad de los pool, la realidad es que nunca dejaron de producirse casos en los que la información de los especialistas era utilizada en beneficio de otros operadores individuales o grupos que aunque no podían tener la consideración de pool en la práctica actuaban como tales.

La cuestión es que a pesar de la norma, los pools siguieron floreciendo en la NYSE hasta el punto que en 1933 se dictó una norma por la cual se autoriza al comité de negocios de la NYSE a desaprobar la conducta de cualquier miembro de la que tuviera contacto u operara en conjunción con un pool. Se estableció también la obligación de todos los miembros de informar de cualquier participación o interés que pudieran tener en un pool. Finalmente en 1934 se prohibió definitivamente la formación de pools y el contacto o participación de cualquier miembro de la NYSE con un pool, medida que nunca tuvo mucha eficacia, pues de una forma u otra, los pools y sindicatos siguieron manipulando el mercado.

La difusa frontera entre la manipulaciones del mercado y las técnicas de mercado legítimas.

Cuando hablamos de manipulación del mercado quizás lo primero que habría que hacer es determinar el contenido de la expresión "manipulación del mercado" en la época en la que fue escrito el libro, pues no tenía, ni mucho menos, las connotaciones peyorativas que podemos observar hoy en día.

Esto queda de nuevo patente en la obra de Edwin Lefèvre cuando pone en boca de su personaje, Livingston, que la manipulación del mercado no era sino otra forma de denominar a las estrategias y tácticas de los grandes operadores profesionales del mercado cuando tenían que manejar grandes cantidades de acciones. ¿Cómo se podía comprar o vender grandes cantidades de acciones si no era mediante una hábil e ingeniosa manipulación del mercado? Si alguien quería comprar un paquete de acciones muy grande ¿cómo podría hacerlo sin hacer subir el precio de la acción en contra de sus intereses? Hoy en día cualquier gran operador profesional se encuentra con el mismo problema y, en la práctica, usa las mismas tácticas y técnicas que ya se utilizaban en 1898.

Como hemos visto, la irrupción del tiker, es decir la transmisión vía telegráfica y la recepción continua y casi inmediata de la cotización y el volumen de contratación de las acciones y materias primas, permitió que a través de su lectura se reflejaran de forma más clara aun los movimientos del dinero profesional, sus volúmenes de ventas y compras en cada momento, revelando de esta forma las intenciones de las manos fuertes que estaban detrás. Y propiciando la aparición de una nueva técnica de análisis del mercado el Tape Reading (o lectura de la cinta de cotización que imprimía el tiker), que es la base de la técnica hoy conocida como interpretación del Precio y el Volumen (o Precio y Volumen entre sus seguidores).

La enorme difusión pública que alcanzó la información del mercado, constantemente actualizada en los tiker y difundida en masa por los diarios y otros medios de comunicación, provocó la inmediata reacción de los grandes especuladores que pronto encontraron la forma de manejarla la situación a su favor, y lo que inicialmente pudo ser visto por el dinero profesional como un problema pronto se convirtió en un arma a utilizar por ellos.

Llega a decir Livermore, por boca de Livingston/Lefèvre, que la publicidad es un arte, y la manipulación del mercado es el arte de hacer publicidad por medio de las cotizaciones reflejadas en la cinta. La cotización reflejada en el tiker, o en un gráfico en la actualidad, no explica, a través del registro del movimiento del precio y el volumen, la historia que el manipulador quiere que se difunda. Y cuanto más cierta sea la historia más convincente será, y cuanto más convincente sea mejor será la publicidad.

Por otra parte, dadas las características del mercado de la época, se partía de la base de que normalmente las maniobras de manipulación estaban dirigidas a un público especulador dispuesto a pechar con unos riesgos que el escaso público inversor no estaba dispuesto a asumir y en gran medida no le afectaba. Quien había comprado una acción para cobrar sus dividendos, acceder a los derechos políticos de la acción (voto en la junta de accionistas) o participar de alguna forma en el negocio de la empresa, era, y debe ser, ajeno a las fluctuaciones diarias, semanales o incluso anuales que puede sufrir el precio de la acción. Su objetivo es otro. Sin embargo, el público especulador, dispuesto a negociar y lucrarse con esas variaciones del precio, no podía luego quejarse si las tácticas de mercado utilizadas por los grandes profesionales le producían pérdidas o limitaban sus ganancias muy por debajo de lo que había previsto, una idea que se ve reflejada en la primera parte del libro de Hoyle donde advierte en todo los tonos posibles de la diferencia entre el "comercio legítimo de acciones" de aquellos que las adquieren para disfrutar de sus dividendos o del derecho a voto en las juntas, de la actividad especulador y los peligros que comporta. Quien decide especular va a tomar unos riesgos que sólo puede asumir quien está suficientemente informado de la naturaleza del mercado especulativo y sus tácticas fundamentales.

Así pues apreciaban la existencia de una manipulación como táctica legítima del mercado cuyo objetivo era desarrollar condiciones de comercialización adecuadas para deshacerse de paquetes de acciones o contratos de gran tamaño a un determinado precio, o adquirirlos en las mejores condiciones de precio posible. Hoy por hoy, ese sigue siendo el objetivo de la mayor parte de las estrategias del dinero profesional, de ahí la vigencia de las técnicas y consejos recogidos en el libro que han variado poco, si no nada, en más de un siglo.

No obstante, había límites que no se consideraba ético, y en ocasiones legal, sobrepasar, aunque habrá que esperar a fechas posteriores al crack de 1929, con la publicación de la Securities Exchange Act de 1934 y la creación de la SEC, para encontrar la primera legislación estatal que regulará los mercados financieros y las prácticas mercantiles consideradas ilegítimas, e intentara poner coto a unos mercados financieros hasta el momento tan salvajes como el lejano oeste. Aunque algunos estados habían dictado alguna norma para intentar dar algo de seguridad a los inversores en los mercados financieros, la regla general había sido una total orfandad de regulación, existiendo tan solo una precaria autorregulación dictada por los propios mercados que, la mayoría de las veces protegía más a sus miembros que al público participante en los mismos.

La New York Stock Exchange (NYSE)

Echemos ahora un vistazo a la evolución de otro de los grandes protagonistas del libro la NYSE.

Cuando se escribió el libro la bolsa de New York ya era el mercado hegemónico de Estados Unidos y uno de los más influyentes a nivel mundial. Sin embargo no siempre fue así, la NYSE tuvo que ganarse ese puesto compitiendo con otras bolsas y mercados locales, nacionales e internacionales.

Durante la guerra civil americana el espíritu especulativo se había disparado de forma nunca antes vista, de manera que al finalizar la guerra numerosas bolsas y mercados de materias primas compitieran entre sí en New York. Más de una docena de ellas llegaron a funcionar simultáneamente en la ciudad, negociando con distintos valores y materias primas. No obstante, una vez terminada la guerra, y a medida que los negocios fueron recobrando la normalidad, y se fue recuperando la estabilidad financiera del país, la mayoría de esas bolsas y mercados fueron desapareciendo, principalmente por medio de absorciones y fusiones de unas con otras para formar instituciones más fuertes y rentables.

En aquellos tempranos días los mercados de acciones y materias primas eran altamente informales. Los profesionales y comerciantes se reunían en los lugares más impensables, muchas veces al aire libre: bajo un determinado árbol, en una esquina concreta al cobijo de unos soportales o en las cercanías del muelle donde llegaban los barcos que transportaban las mercancías que negociaban.

Algunas empezaron a reunirse en locales y sedes fijas y a autorregularse dictando reglamentos y normas de funcionamiento. Pero en aquel momento se constituían más como un club donde el estatus social, la limitación de la competencia y la fijación de normas de negociación uniformes tenían más importancia que convertirse en un mercado abierto y transparente para favorecer las leyes de la oferta y la demanda.

Los orígenes de la NYSE suelen situarse en 1792, cuando un grupo de agente de bolsa de la entonces denominada New York Stock Exchange Board firman un pacto que respondía fundamentalmente a tres principios: sólo negociaremos entre nosotros, excluiremos a los extraños, y acordaremos las comisiones que se deben cobrar a los clientes.

A un miembro se le podía perdonar cualquier tipo de crimen que cometiera con alguno de sus clientes, pero faltar a la promesa de fidelidad y buena fe entre los miembros era el más execrable de los pecados y suponía la inmediata expulsión de la organización e, incluso, de la vida social.

Desde un principio ser miembro de la NYSE fue algo difícil y reservado solo a personas de un alto nivel social y económico. El candidato estaba obligado, además de a pagar un cantidad de dinero considerable como canon de entrada, a pasar por el visto bueno de un comité de admisión que evaluaba sus conocimientos y experiencia mercantil, su solvencia económica y, casi lo más importante aún, su estatus social.

En aquellos años iniciales de entre todas las bolsas y mercados competidores, solo la **Open Board of Stock Agente de bolsa** contaba con más miembros y posiblemente un mejor funcionamiento. Estaba integrada por profesionales que, por una razón u otra, no tenían cabida en la NYSE, de forma que sus principales miembros eran los recién llegados a la ciudad después de la guerra y los empleados de bancos y agente de bolsa que querían negociar y establecerse por su cuenta. A diferencia de lo que pasaba en la exclusiva NYSE cualquiera que pagara la cuota de 50$ que se exigía para entrar podía operar.

Sistema de subastas, sistema de corros y los especialistas.

Una de las principales diferencias con la NYSE era su sistema de contratación. En la Open Board se negociaba seis días a la semana, desde las 8:30 de la mañana hasta las 5 de la tarde, o más tarde aun si el mercado estaba activo. No tenía un procedimiento claramente establecido, los agente de bolsa, inversores, especuladores, banqueros y prestamistas acudían a local y negociaban según sus propias normas y acuerdos, no había una lista de acciones ni unas reglas claramente definidas.

Sin embargo, pronto los propios miembros de la Open Board nombraron una junta directiva y fijaron una serie de reglas. La más trascendente es que acotaron la sala de negociación en parcelas en las que situaron en un lugar fijo y determinado a las personas que querían negociar sobre cada una de las acciones, formando corros de negociación de cada valor.

Hacia 1866 algunos agente de bolsa empezaron a colocarse de forma habitual en el centro de estos corros de negociación y permanecían allí todo el día, negociando tan solo en esa acción. Los otros compradores y vendedores pronto les tomaron como referentes de esas acciones y se dirigían a ellos para conocer la cotización o encargarles la intermediación en esa acción si querían negociar con ella. De esta forma nació el sistema de especialistas.

Por su parte la NYSE funcionaba mediante el sistema de subastas, consistente en que quienes querían vender sus acciones las depositaban ante el organismo rector de la bolsa y una vez al día se producía una subasta en la que se iban sacando los lotes uno a uno y los compradores hacían sus pujas. Cuando la economía fue creciendo y aumentando el volumen de acciones a cotización se estableció una segunda subasta, de forma que se producía una subasta a las 10:30 de la mañana y la otra a las 13:00 horas.

Sin embargo los grandes especuladores e inversores profesionales se dedicaban a realizar transacciones fuera de las subastas, hasta el punto que hubo un momento en que había más volumen de negociación entre subastas que en estas últimas. Antes, entre y después de las subastas los agente de bolsa negociaban por su propia cuenta, tanto fuera de los locales de la NYSE, como en la sala de bonos de la primera planta conocida como "long room", donde se estableció un incipiente mercado continuo de acciones.

En 1877, año en el que produce un punto de inflexión fundamental en la institución y en los mercados financieros en general después de que se fusionaran ambas instituciones (NYSE y Open Board), la NYSE tenía dos salas de contratación y ambas se consideran legítimas u oficiales. Una primera era la llamada "Long room" donde existía un mercado continuo de acciones y bonos por medio de un sistema de especialistas. En la segunda planta estaba la sala de subastas. Las subastas solían seguir la cotización que se fijaba por los especialistas y poco a poco fueron perdiendo volumen. Finalmente dejaron de utilizarse en 1882 y el sistema de corros y especialistas fue aceptado como la única forma de negociación.

Pero un avance tecnológico iba a suponer una verdadera revolución en el mundo bursátil y de los mercados de valores y materias primas la irrupción del telégrafo y con él la implantación del tiker.

La competencia de la NYSE, en especial el caso de la Consolidated Stock Exchange.

Como hemos visto no todos los agente de bolsa y operadores financieros pertenecían a la NYSE ni negociaban en las bolsas y mercados oficialmente establecidos. Y como hemos dicho también, no siempre la NYSE tuvo la preeminencia que tiene hoy día. Tuvo que luchar y vencer a duros rivales y competidores. De entre ello, en el libro de Hoyle se cita en varias ocasiones la Consolidated Stock Exchange, razón por la cual vamos a dar unas pinceladas sobre su historia.

Inicialmente esta bolsa se denominó **The New York Mining Stock Exchange.** Fue creada en 1875 cuando un grupo de industriales y prominentes hombres de negocios de New York se dieron cuenta de que el negocio minero había alcanzado tal desarrollo y prosperidad que era necesario crear un mercado en el que se negocien de forma preferente las acciones de las compañías mineras. Una gran cantidad del capital inversor del Este del país se estaba desviándose hacia San Francisco, en concreto para invertirse en la San Francisco Mining Exchange, y seguramente si existiera una bolsa parecida en New York ese capital se quedaría en la ciudad. Ante lo convincente de los argumentos se creó la citada New York Mining Stock Exchange que se instaló en el número 60 de Broadway St.

El éxito de la iniciativa fue notable, y poco a poco fue cambiando de ubicación a instalaciones mayores, y absorbiendo otras bolsas y mercados de la ciudad[57] En 1885 el número de miembros era de 2403, el número más alto de todas las bolsas del país. Durante este periodo más de cien miembros de la NYSE lo eran también de la Consolidated Stock Exchange, con la que mantenían una, podríamos decir, cordial relación de colaboración. Intentaron llegaron a un acuerdo de distribución del mercado, de forma que la Consolidated se quedaría con el mercado de lotes pequeños de acciones (inferiores a 100 acciones), mientras que en la NYSE el lote mínimo de contratación era de 100 acciones. Pero finalmente el acuerdo no se llegó a alcanzar, y la Consolidated acordó que admitiría cualquier tipo de negociación, tanto en grandes lotes como en lotes fraccionados. Esto provocó una importante polémica en Wall Street y una agria respuesta de la NYSE que forzó a sus miembros a que abandonaron la Consolidated. La guerra había comenzado y la hostilidad llegó a ser de tal calibre que la NYSE prohibió expresamente cualquier tipo de colaboración, comunicación o contacto entre sus miembros y los de la Consolidated, so pena de la suspensión o expulsión. Los periódicos de la época están cargados de noticias de numerosos expedientes abiertos a miembros de la NYSE por esta cuestión.

Pero se daba la circunstancia de que la Consolidated trabajaba con las cotizaciones de la NYSE por medio de los datos facilitados por los tiker. La NYSE intentó por todos los medios evitar que la Consolidated pudiera usar sus datos para negociar, pero la Consolidated denunció ante los tribunales a la NYSE en 1887 y consiguió un pronunciamiento favorable que prohibía a la NYSE realizar cualquier tipo de maniobra o poner obstáculos a la Consolidated para recibir los datos a través del tiker.

No fue hasta 1926 cuando la NYSE consiguió privar a la Consolidated del acceso a los tiker, dando la puntilla final a una institución que en los últimos años se había visto involucrada en diversas investigaciones por malas prácticas y escándalos. En 1927 la Consolidated Stock Exchange cerró sus puertas.

Como se habrá podido ver en el libro de Hoyle, dada la posibilidad de operar con pequeños lotes de acciones, la Consolidated era, junto a las bucket shop, una forma de acceso inicial y asequible a los mercados financieros de los operadores amateur. De hecho Hoyle recomienda en varias partes de su libro que el pobre aficionado interesado en la bolsa empiece con pequeños lotes adecuados a su bolsillo en este mercado.

¿Quién participaba en el mercado?

Vamos a echar un vistazo también a quienes eran los protagonistas de los mercados bursátiles en aquella época. Para ello vamos a valernos del contenido del **"Report of the governors committee on speculation in securities and commodities"** de **1909**, informe realizado al senado en dicho año por un comité creado a fin de determinar qué cambios era conveniente realizar en la legislación para proteger a los inversores y al mercado financiero en general.

Los participantes en el mercado se dividían entre **DEALERS** y **AGENTE DE BOLSAS.**

Los **DEALERS** negociaban por cuenta propia y su beneficio era la diferencia de precio a su favor que podían obtener en estas operaciones.

Los **AGENTE DE BOLSAS** actuaban como intermediarios ejecutando las órdenes de compra y venta de terceras personas a cambio de una comisión.

En muchas ocasiones la frontera entre unos y otros no estaba muy clara.

Los Dealers solían ser scalpers que buscaban su beneficio realizando una gran cantidad de operaciones con pequeños beneficios y normalmente actuaban en operaciones intradiarias. Tenían que fiarse de su experiencia y habilidad para determinar la tendencia del mercado y de cada valor para ir atrapando oportunidades. Al ser miembros de la bolsa no necesitaban recurrir a un agente de bolsa que intermediara y operaban directamente en el mercado ahorrándose comisiones. Su función era esencial pues eran parte de los creadores de mercado y daban liquidez al mismo. También se les conocía como **FLOOR TRADERS.**

Existían también los **ODD-LOT DEALERS**. La mayoría de las bolsas tiene establecido un número mínimo de acciones que pueden comprarse en cada operación o lote. Un lote es la unidad mínima de contratación en ese mercado, y un "odd-lot" es una operación con un número de acciones que sea una fracción de la unidad mínima de contratación. Para cumplir estas órdenes que están por debajo del lote mínimo admitido, los "odd-lot dealers" compraban por su propia cuenta lotes enteros que luego revendían fraccionados a sus clientes que adquieren cantidades menores al lote mínimo de acciones. Su beneficio está en la diferencia entre el precio a los que ellos adquieren la acción y el precio a la que la venden en lotes menores.

Por su parte los agente de bolsa se podían dividir en varios subtipos:

BOND AGENTE DE BOLSAS: compraban y vendían bonos por cuenta de terceros.

FLOOR AGENTE DE BOLSAS: ejecutaban órdenes en el parquet como miembros de empresas de agente de bolsaage, también conocidos como comisión agente de bolsa, pues sus ganancias provenían de las comisiones que cargaban a sus clientes.

SUB-AGENTE DE BOLSAS O TWO DOLLARS AGENTE DE BOLSAS, eran agente de bolsa freelance que actuaban ejecutando órdenes de compra y venta para otros agente de bolsa. Se les llamaba two dollar agente de bolsa porque era la comisión que solían cobrar a los agente de bolsa que les contrataban. Estos últimos normalmente cobran una comisión de 12,50 $ por cada lote de 100 acciones. Daban flexibilidad al mercado a la hora de distribuir o comprar grandes cantidades de acciones.

LOS ESPECIALISTAS.

La distinción entre dealer y agente de bolsa se difuminaba en el caso de los especialistas.

Los especialistas podían actuar tanto como dealers, que era lo más común, o como sub-agente de bolsa ejecutando órdenes por cuenta de otros agente de bolsa en determinadas acciones. Lo que les caracteriza es que se especializan en una o unas pocas acciones de las que eran verdaderos expertos o especialista. Cada acción admitida a cotización en la NYSE tenía su propio especialista y algunas acciones más de uno. No se establecían requisitos especiales para ser especialista en una determinada acción y cualquier miembro del mercado podía especializarse en cualquier acción.

No tenían ninguna limitación sobre el tipo de órdenes que podían ejecutar, de forma que utilizan órdenes a mercado, órdenes limitadas y órdenes de stop[58], aunque las estadísticas reflejaban que la mayoría de sus operaciones las realizan con órdenes limitadas. En aquella época del volumen total del mercado de la NYSE más del 40% era fruto de la actividad de los especialistas, e incluso en algunos días la totalidad del volumen de operaciones era atribuible a ellos.

Cuando un especialista recibía una orden que no fuera a mercado tenía la obligación de anotarla en su "libro de órdenes" de forma que estos libros reflejaban todas las órdenes limitadas o de stop que existían sobre la acción en la que trabajaba el especialista, constituyendo un completo mapa de la oferta y la demanda existente en esa acción. Dado el porcentaje de operaciones que los especialistas hacían mediante operaciones limitadas y su volumen de negociación resulta evidente que los "libros de órdenes" de los especialistas reflejaban con un alto grado de certeza la tendencia y las condiciones del mercado y los convertía en jugadores con una información privilegiada y una enorme ventaja en el mercado. Además al poder actuar por cuenta propia como dealers podían aprovechar esta información para conseguir sus propios beneficios dando contrapartida a las órdenes remitidas por los agente de bolsa y demás operadores no especializados en la acción con acciones que habían comprado previamente.

Sin embargo los especialistas, así como los órganos de dirección de las distintas bolsas, negaban que el conocimiento proveniente de sus "libros de órdenes" supusiera ninguna ventaja y que, en cualquier caso, no hicieran uso de ese conocimiento en su propio beneficio ni en el de terceros.

El principal argumento para permitir que los especialistas operasen por su propia cuenta es que su operativa permitía mantener un mercado estrecho y ordenado. En acciones que eran objeto de fuerte negociación, como United States Steel o General Motors, donde la oferta y la demanda estaba siempre presente, el mercado se formaba automáticamente y los especialistas no tenían que crear un mercado. Pero en las acciones no activas, aunque el especialista no tenía obligación de crear un mercado, lo creaba siempre que tuviera cierta seguridad que el hacerlo le proporcionaría algún tipo de beneficio, y esta información la obtenía precisamente de su "libro de órdenes".

En conclusión.

Es evidente que los mercados actuales tienen poco que ver con los existentes en 1898: a nivel tecnológico, de número de participantes, de volumen de activos, de volumen de contratación, de ámbito geográfico, etc.

Pero como nos advierte Livermore respecto a los mercados de principios y mediados del siglo XX, puede haber cambiado la forma, los medios, la velocidad, los instrumentos utilizados en el mercado que al final el juego sigue siendo el mismo: comprar y vender, ofertar y demandar, la interacción de operadores humanos (o programados por humanos) en un juego de suma cero.Y el dinero profesional nunca permitirá que los cientos de miles de millones que pone en juego en los mercados financieros queden al albur de la suerte o la aleatoriedad.

Hoy, como ayer o como anteayer, y seguramente como mañana y pasado mañana, existirán profesionales y manos fuertes con recursos y medios suficientes para explotar y manipular las emociones y la psicología de a los operadores para evitar que los cientos de miles de millones que exponen al mercado queden en manos de la aleatoriedad o la ley de la oferta y la demanda.

En definitiva, utilizando la analogía José Luis Cárpatos[59], leones y gacelas no se han extinguido de la jungla financiera a pesar de los avances y los cambios sufridos. El miedo y la avaricia. La esperanza y el autoengaño siempre serán los motores esenciales de la mayor parte de los participantes del mercado.

Por eso sigue teniendo plena validez casi todo lo dicho por Hoyle. Por eso siguen siendo válidas las palabras de Livermore que encabezan la presente edición: nada ha cambiado ni nada cambiará nunca en los mercados financieros, porque están formados por hombres y son reflejo de la naturaleza humana y sus emociones que al final siempre se manifiestan en forma de inteligencia.

BIBLIOGRAFIA

- Meeker, James Edwin. **"The work of the stock exchange"** The Ronald press Company. New York. 1922.
https://archive.org/details/workstockexchan00meekgoog
- Smith, Charles William, of Liverpool. **International Commercial And Financial Gambling In "Options And Fusures" The Economic Ruin Of The World**. P.S. King & Son. Orchard House. Westminster. 1906.
https://archive.org/details/InternationalCommercialAndFinancialGamblingInoptionsAndFusures
- **Report Of Governor Hughes's Committee On Speculation In Securities And Commodities**. New York. 1909.
https://archive.org/details/reportofgovernor00newyuoft
- Committee on Banking and Currency.**Stock Exchange Practices Report 1934**. United States Government Printing Office. Washington. 1934
https://archive.org/stream/StockExchangePracticesReport1934/Stock%20Exchange%20Practices%20Report%201934#page/n0/mode/2up.
- Gibson, Thomas. **The cycles of speculation**. The Moody Corporation. New York. 1907.
https://archive.org/details/cyclesspeculati01gibsgoog
- Gibson, Thomas. **The pitfalls of speculation**. The Moody Corporation. Newy York. 1906.
https://archive.org/details/pitfallsspecula00gibsgoog
- Hill, John Jr. **Gold bricks of speculation**. Lincoln Book concern. Chicago.1904.
https://archive.org/stream/goldbricksspecu00hillgoog#page/n12/mode/2up
- Nelson, Samuel Armstrong. **The abc of speculation**. Nelson's Wall Street Library. New York. 1902.
https://archive.org/details/abcofstockspecul00nelsiala

- Nelson, Samuel Armstrong. **The Consolidated Stock Exchange Of New York**. The AB. Benesch Co. New York. 1907.
- Clews, Henry LL.D. **Fifty years in wall street**. Irving Publishing Company. New York. 1908. https://archive.org/details/fiftyyearsinwall00clewuoft
- Atwood, Albert William. **The exchanges and speculation**. Alexander Hamilton Instisute. New York. 1918. https://archive.org/details/exchangesspecula20atwouoft
- Burton, Theodore. E. **Financial crises and periods of industrial and commercial depression**. D.Appleton and Company. New York. 1920. https://archive.org/details/financialcrisesp1902burt
- New York Stock Exchange. **Constisution of the new york stock exchange. Resolutions adopted by the governing committee**. New York. 1914. https://archive.org/details/constisutionnew00exchgoog
- Stedman, Edmund Clarence; Easton, Alexander N. **The new york stock exchange; its history, its contribution to national prosperity, and its relation to american finance at the outset of the twentieth censury**. The Stock Exchange Historical Company. New York. 1905. https://archive.org/details/cu31924030206506
- Ripley.W.Z. **Railway Speulation**. The Quartely Journal of Economics. Vo 25. 1911. https://archive.org/details/jstor-1884948
- Edwin Lefèvre **"Memorias de un operador de bolsa"**. Editorial Deusto. 2009. http://www.amazon.es/Memorias-operador-Cl%C3%A1sicos-Inversi%C3%B3n-Finanzas/dp/8423427366

---

[1] El **Whist** es un juego de naipes. http://es.wikipedia.org/wiki/Whist

[2] Todos estos nombres corresponden a acciones populares de compañías ferroviarias, las favoritas del público y los especuladores profesionales de aquella época. Hoy en día todas ellas hace tiempo que han desaparecido del mercado. Era la época del nacimiento de los grandes complejos industriales de EEUU, donde el objetivo de alcanzar una situación de monopolio o cuasi-monopolio era el objetivo de todos los grandes titanes de las distintas industrias. Por ello muchas veces el campo de batalla estaba, precisamente, en los mercados de valores, donde la compra y manipulación de las acciones podía suponer un ventaja y muchas veces un factor decisivo para la toma de control de las compañías de cada sector. Esto hizo que los pool, grupos organizados de especuladores, estuvieran a la orden del día tanto para defender a una compañía, como para realizar operaciones agresivas contra otras competidoras. Evidentemente todo ello manejado por especuladores profesionales y con un importante respaldo de los sectores financieros (bancos, compañías aseguradoras, Trust, etc.)

[3] La **"American Sugar Refining Company"**, cuya acción era popularmente conocida como "Sugar", fue una de las acciones más populares en la época, y una de las que contaba con un pool más activo que se encargaba de manipular la acción, como iremos viendo a lo largo del libro. Fue la mayor refinería de azúcar de Estados Unidos a principio del siglo XX. Tenía intereses en Puerto Rico y en otros países caribeños y era propietaria de la refinería de azúcar más grande del mundo situada en Brooklyn, New York.

[4] La **"Chicago, St.Paul, Minneapolis and Omaha Railway"** fue una línea de ferrocarril que unía los estados de Nebraska, Iowa, Minnesota, Wisconsin y Dakota del Sur. Como todas las acciones ferroviaris fue una de las favoritas para negociar a finales del siglo XIX donde el negocio ferroviario era la estrella más rutilante de los mercados bursátiles.

[5] **Tobacco** era la forma popular de referirse a la acción de la empresa **"American Tobacco Company"**, creado por la familia Duke, y más en concreto por James Buchanan Duke, fue la mayor compañía tabaquera de la época. Cuando fue admitida a cotización en la NYSE en 1890 era el mayor productor de tabaco y sus derivados de la época. Las cinco compañías que la formaban producían aproximadamente el 90% de los cigarrillos fabricados ese año en Estados Unidos. La mayoría de los historiadores económicos consideran la creación y desarrollo de la compañía es un hito en la historia del nacimiento de los grandes negocios industriales de EEUU y de las técnicas de gestión empresarial y se utiliza como caso de estudio. En la época del libro, la compañía contaba con un importante pool y estaba inmersa en una de las más brutales batallas de los mercados bursátiles por controlar ese sector industrial. De ahí la importancia de las cifras que recoge el libro.

[6] **"Chicago & Alton Railroad"** es el nombre de otra compañía ferroviaria que explotaba la línea que unía Chicago con Alton, Illinois, St. Louis, Missouri y Kansas City. Como todas estas empresas es fruto de diversas fusiones y absorciones, y fue cambiando frecuentemente de nombre a lo largo de su historia.

No era una de las más importantes y por eso se utiliza para compararla con una de las acciones estrella del sector como era Pacific.

[7] **Nota del traductor:** Poco a poco voy a ir sustituyendo la palabra "pool" por la de "dinero profesional" para que pueda verse más claramente como lo que se escribió en 1898 es plenamente aplicable hoy en día. Permítaseme la licencia.

[8] Todos los datos de esta sección se refieren a 1898. Inicialmente la **New York Stock Exchange(NYSE)** era una más de las varias bolsas que se crearon en la ciudad de New York, aunque finalmente acabó siendo la más importante y considerada como el centro financiero del país y del mundo. Competía en los años en los que se redactó el libro con la **Consolidated Exchange**. La **NYSE**, en la que conseguir ser admitido como miembro suponía tener que pagar unos cánones de inscripción muy elevados ("comprar un asiento" era la expresión que se utilizaba, y que aún pervive) además de tener que acreditar solvencia profesional, financiera, económica y social (se trataba de una organización altamente elitista donde no entraba todo el que quisiera aunque tuviera dinero suficiente para ello) que era sometida al escrutinio del comité de admisiones, siempre tuvo mayor importancia que la **Consolidated**. Una vez admitido en la **NYSE** el lote mínimo de acciones con el que se podía operar era de 100 acciones. Por el contrario en la **Consolidated Exchange** se podía operar con lotes desde 10 acciones, y cualquiera que pagara la reducida cuota de admisión (unos $50) era bienvenido. Por ello era la preferida y recomendada para los amateur y quienes se estuvieran iniciando en el negocio, como se verá a lo largo del libro.

[9] Un **pool** es definido por el autor del libro en un glosario no incluido en esta edición, como las acciones y dinero puesto en común por un grupo de especuladores para controlar el precio de una acción con cierta seguridad, como un fondo mutuo establecido por un grupo de accionistas para especular y/o manipular los precios de esa acción. Era muy común y completamente legal a finales del siglo XIX y hasta bien entrados los años 30 del siglo XX la formación de pools o sindicatos de accionistas en algunas acciones, normalmente las de las compañías más importantes y las acciones más activas del mercado. Estos pools estaban formados por agente de bolsa dirigidos por inversores e insiders o especuladores que a su vez trabajaban en la propia compañía u obtenían información privilegiada de la misma, que ponían en común sus acciones de una determinada empresa bajo un director de operaciones o jefe de pool. La versión oficial es que su trabajo consistía en controlar las salvajes fluctuaciones del precio que ocurrían cuando grandes bloques de acciones de esa empresa salían a la venta repentinamente, especialmente si la acción tenía un volumen habitualmente bajo. Pero la realidad es que la mayoría de las veces estaban interesados en defender la acción de los ataques de empresas competidoras que trataban de absorber o tomar el control de la empresa, o simplemente en fines puramente especulativos en grandes operaciones de acumulación o distribución de acciones al mejor precio posible. Los más famosos operadores profesionales como Livermore, Keenne,

Gould, Cutten, etc., en algún momento u otro de sus carreras ejercieron como directores o jefes de pool.

[10] Un **Insider** es definido en el glosario antes referido, como aquella persona que ostenta intereses de control o al menos un importante influencia en una determinada compañía y sus acciones y que por tanto puede influir directamente en los asuntos de la compañía y tener información privilegiada. Los insiders suelen ser observados muy de cerca por el público de forma que sus operaciones siempre mueven el mercado. De hecho, en los mercados actuales, las legislaciones sobre la materia exigen que los Insiders hagan públicas sus operaciones con acciones de las compañías en las que trabajan, dirigen o tienen intereses.

[11] La **"Chicago Board of Trade"**, también conocida como **CBOT**, es el mercado de materias primas de Chicago. Era, y sigue siendo, el principal mercado para la venta y compra de materias primas como trigo, maíz, algodón, cebada, leche, carne, etc. Y es, además, el principal mercado de negociación de futuros, un tipo de contrato muy habitual en la compraventa de dichas materias primas, especialmente agrarias y ganaderas, pero que poco a poco fue extendiéndose a otros productos, incluyendo los productos financiero e incluso índices ya en tiempos modernos. En la época en que está escrito el libro las materias primas predominantemente negociadas en el CBOT eran agrarias. La especulación en materias primas ya era extremadamente popular y atractiva para los profesionales o semi-profesionales, pues ofrecía toda una serie de ventajas que no tenía el mercado de acciones: márgenes menores, comisiones más ajustadas, mayor facilidad para las posiciones cortas (ventas de contratos sin necesidad de poseer la mercancía mientras que en el mercado de acciones era necesario "alquilar" las acciones a alguien para abrir dichas posiciones) o la posibilidad de realizar coberturas.

[12] Una mala práctica habitual de los pool era la difusión de noticias falsas para conseguir que el público no profesional (y más veces de lo que se cree incluso los profesionales ajenos al pool), engañado por esas noticias, comprara masivamente o vendiera en pánico una determinada acción, colaborando involuntariamente de esta forma, y generalmente contra sus propios intereses, en las campañas de acumulación y distribución de los pools, siendo las víctimas propiciatorias de éstos.

[13] **Grover Cleveland** fue el vigésimo segundo y vigésimo cuarto presidente de los Estados Unidos y el único presidente de dicho país en tener dos mandatos no consecutivos. Sus admiradores elogiaron su mandato por su honestidad, independencia de criterio y adhesión a los principios del liberalismo. Sin embargo, se le critica la sobrecarga que al parecer sufrió su segundo mandato agobiado por una grave crisis económica. Se enfrentó con las compañías de ferrocarril investigando la posesión de las tierras dadas a estas en el oeste por el gobierno, consiguiendo la devolución al Estado de 328.000 km². Firmó además la ley de comercio interestatal, primera norma reguladora de los ferrocarriles en su país. En

su segundo mandato, a poco de llegar a la presidencia tuvo que enfrentar una crisis conocida como el pánico de 1893, caracterizada por un serio declive en la economía producto de las escasas reservas de oro del estado. Lidiando directamente con el desempleo y la quiebra de numerosas industrias agrícolas, Cleveland ayudado por leyes de regulación, J.P. Morgan y Wall Street logró contener la espiral inflacionaria. Como podemos ver no era muy afín a las tendencias políticas del autor del libro.

[14] Las **bucket shop** eran establecimientos que se instalaron y pusieron tremendamente de moda en la época en que se escribió el libro, como una forma de especular en acciones de las principales bolsas de EEUU sin tener que adquirir directamente los títulos valores y desde cantidades ínfimas de dinero, ya que era el propio "agente de bolsa" quien daba la contrapartida. Gracias al avance de las comunicaciones telegráficas estas empresas podían recibir casi en tiempo real los datos de las cotizaciones de las principales acciones y las exponían en sus locales en grandes pizarras que unos empleados se encargaban de ir actualizando, al igual que lo hacían las firmas de agente de bolsaage legítimas. De hecho varios de los más prestigiosos especuladores en bolsa, como Livermore, iniciaron sus andanzas en estos establecimientos. Ahora bien, como eran unos establecimientos faltos de cualquier control oficial y completamente ajenos a las bolsas de valores realizaban todo tipo de maniobras y fraudes para sacar ventaja de su posición. De ahí que muchas de las definiciones que pueden encontrarse de las Bucket Shop lo son como casa fraudulentas de agente de bolsaage. La realidad es que se movieron en la oscura zona gris de la falta de regulación hasta que finalmente fueron oficialmente prohibidas a principios del siglo XX.

[15] Como puede verse la mayoría de acciones se refieren a compañías ferroviarias. Pero era el signo de los tiempos, pues durante muchos años la **NYSE** fue el reino de los negocios ferroviarios y tan sólo a partir de 1885 empiezan a cotizarse las nuevas compañías "industriles", aunque muchas no solicitaban ser registradas debido al rquisito de tener que hacer públicos ciertos dasos finacieros, lo que llevó a la Bolsa a crear un departamento de registros anónimos. Las acciones de unas pocas compañía dedicadas a otras actividades se negociaban en ese departamento : algunas mineras, acerías y algunas ligadas a los avances técnicos y científicos en el campo de la electricidad o las telecomunicaciones. Antes de la explosión de la industria ferroviaria las bolsas de valores se concentraron en la negociación de bonos del estado, en especial los bonos de la Guerra de la Independencia y de la Guerra de secesión. No será hasta el surgimiento de los grandes grupos industriales de la mano de los Rotchild, Morgan, Carnegi, Vandelbirt y otros titanes de la industria que el mercado de acciones y bonos se pluraliza y empieza a tener el vigor que luego llegó a alcanzar, pero para eso todavía faltaba casi una década.

[16] **Nota del traductor**: Hoyle utiliza las expresiones "pool stocks" y "specialties" que hace referencia a las acciones sobre las que se habían constituido pools y por tanto eran las más activas, y aquellas otras que no eran interesantes para éstos y

quedaban en manos de especialistas en dichas acciones, y por tanto tenían una importancia secundaria. Para que la traducción quede más clara he optado por utilizar los términos "acciones principales" para referirme a las pool stocks y "acciones secundarias" para las "specialities", aunque también dude en traducirlas como "acciones intervenidas" o "manipuladas".

[17] **Westerm Unión**, aquí tenemos un ejemplo de compañía no ferroviaria cotizada en bolsa. Fue fundada en Rochester, Nueva York, en 1851, con el nombre de The New York and Mississippi Valley Printing Telegraph Company. Después de que Jeptha Wade adquiriera una serie de compañías de la competencia, la empresa cambió su nombre a Western Union Telegraph Company en 1856 después de la insistencia de Ezra Cornell para que su nombre reflejara la unión de las líneas telegráficas que iban de costa a costa. Western Union completó la primera línea telegráfica transcontinental en 1861. En 1865 formó el Telégrafo Ruso Estadounidense en un intento de unir América con Europa. Esta línea pasaba por Alaska, Siberia y finalmente Moscú. En 1871 la compañía introdujo su servicio de transferencia de dinero, sobre la base de su extensa red de telégrafos. En 1879, Western Union, salió del negocio de telefonía, después de haber perdido un pleito de patentes con Bell. Como el teléfono sustituye al telégrafo, la transferencia de dinero pasa a ser su principal negocio. Tuvo un papel protagonista en el mundo financiero al ser la responsable de la extensión y generalización del uso del ticker como medio de información financiera profesional.

[18] **"The black horse cavalry"** era el nombre popular de la Compañía H del 4º batallón de caballería de Virginia del Norte. Fue creada inicialmente en Fauquier County en 1859 como una brigada voluntaria de caballería. Las tropas de este escuadrón incluían muchos jóvenes de las más antiguas y arraigadas familias de Fauquier County, en el corazón de la Virginia con una tradición ecuestre más arraigada. Muchos habían adquirido sus habilidades ecuestres mucho antes del inicio de la guerra en la caza del zorro y en las competiciones que tradicionalmente se celebraban en Fauquier Springs, y rápidamente adaptaron estas habilidades a la caballería militar. La Black Horse Cavalry entró en servicio en la primera batalla de Manassas y lucho hasta la de Appomattox Court House, participando en todas las grandes batallas y campañas en las que se involucró el ejército de Virginia del Norte y nunca rindió su bandera. Pronto ganó fama por su fiereza y excelencia como jinetes que causaban el terror de sus enemigos con su sola presencia.

[19] Creo que es la primera vez en la literatura financiera que aparece la comparación de la manipulación de las acciones por los directores de los pool con la planificación de una campaña militar. La asimilación de los directores de los pool con los generales que dirigen sus ejércitos y planean sus estrategias para conseguir que el precio de la acción manipulada suba o baje en función de sus intereses o el de sus patrocinadores fue luego ampliamente utilizada, tuvo un gran

éxito y fue adoptada de manera generalizada por grandes maestros de la especulación como Livermore o Wyckoff. Por ello deducimos que la influencia de este pequeño librito fue enorme en el desarrollo de sus técnicas de trading, aunque ninguno de estos autores haga referencia o refiera el mérito del mismo.

[20] **Nota del traductor:** En el texto original se utiliza la tradicional nomenclatura anglosajona de "bull campain" y "bear campain" para referirse a las campañas alcistas y bajistas, así como "bull" y "bear" para distinguir entre alcistas y bajistas. Aunque en el texto original esta nomenclatura le da un especial color e intensidad al relato, al traducirlo literalmente creo que resultaría demasiado extraño hablar de toros y osos cuando no es la costumbre en nuestro entorno lingüístico, ni tan siquiera en los foros especializados, que si los usan son siempre de forma ocasional. De ahí que se haya optado por hablar de "campañas alcistas" y "campañas bajistas" y de "alcistas" y "bajistas" a lo largo del texto.

[21] George Dewey (26 de diciembre de 1837 – 16 de enero de 1917) almirante de la Fuerza Naval Estadounidense, es más recordado por su victoria (sin la pérdida de uno solo de sus hombres) en la Batalla de la Bahía de Manila (1898) durante la Guerra Hispano-Estadounidense. Es también la única persona en la historia de Estados Unidos que obtuvo el rango de Almirante de la Armada durante dicha guerra.

[22] Es el spring de Wyckoff.

[23] Es el Uptrust de Wyckoff.

[24] Las caídas de los mercados de valores fueron tristemente habituales a lo largo de la segunda mitad del siglo XIX. Hubo crisis en los años 1857, 1869, 1873,1884 y 1893, que provocaron fuertes recesiones de la economía nacional. La historia se repitió en cada uno de los casos. En los períodos de auge, tanto individuos como empresas se expandían más allá de sus posibilidades y se hacían, en consecuencia, vulnerables ante cualquier desaceleración de los negocios. Cuando quebraba una firma importante se iniciaba una reacción en cadena que creaba una bola de nieve de calamidad financiera. Como el gobierno era un espectador pasivo de la economía no existía mecanismo alguno para impedir estas crisis. Sin embargo, entre una y otra de estas crisis el mercado de valores seguía creciendo. Mark Smith "Hacia una exuberancia racional" Ed. Turner. 2003.

[25] El autor hace un análisis relativo a los años en los que fue redactado el libro, esto es 1898 y siguientes.

[26] Como apunta Mark Smith en "Hacia una abundancia Racional" Ed.Turner. 2003, en aquella época era habitual que se hablara del **valor "intrínseco"** de una compañía, que se definía como su "valor contable", el total de los activos menos los pasivos. Las normas tradicionales para la valoración del mercado valores no

tenían en cuenta el futuro crecimiento en ganancias, algo que se suponía impredecible. La pregunta que se hacía todo inversor era ¿Cuál es la cotización exacta de una determinada acción? Y a finales del siglo XIX se respondía a esta pregunta de una forma muy clara: el precio que un inversor esté dispuesto a pagar por un título refleja lo que recibirá a partir de su inversión, esto es su participación en las ganancias de la compañía bajo la forma de dividendos, de forma que lo importante eran entonces los dividendos. El PER que hoy se utiliza para valorar acciones tiene su origen en esta concepción, pero en aquel entonces se usaba y calculaba de una forma que hoy consideraríamos obsoleta. A principios del siglo XX, finales del XIX los inversores veían las acciones de manera muy diferente a cómo las vemos actualmente. Eran valoradas en función de la renta presente (dividendos) que producían, lo que finalmente derivó en dividendos más bajos y cotizaciones también más bajas que las que se calculan hoy en día. Algunos estudiosos menos ortodoxos como Dow o Bachellier exploraron medios menos ortodoxos para valorar los precios de las acciones que dieron pie al análisis técnico de las acciones o a teorías como la del paseo aleatorio.

[27] La NYSE y la Consolidated Exchange de NY.

[28] He dejado los gráficos originales incluidos en la edición original de libro, por lo que las leyendas incluidas en los mismos no están traducidas.

[29] La "Missuri Pacific Railroad" fue una de las primeras compañías ferroviarias de EEUU al oeste del rio Missipi. El 4 de julio de 1851, en St.Louis se inició el trazado de la línea Pacific Railroad, la predecesora de la Missouri Pacific Railroad. En 1872 Pacific Railroad se reorganizo en Missouri Pacific Railroad al entrar nuevos inversores para solucionar la crisis de deuda que sufría la compañía. Como decían en su publicidad, esta compañía fue la primera línea ferroviaria puesta en marcha al oeste del rio Missisipi. En 1879 Missouri Pacific estaba bajo el control de Jay Gould, uno de los más famosos especuladores de Wall Street de la época. Los problemas financieros de la empresa fueron constantes de ahí que se la ponga como ejemplo del peligro de la salida de cotización o suspensión de dividendos.

[30] De nuevo se refiere a una acción ferroviaria, la de la compañía "Chicago, Rock Island and Pacific Railroad".

[31] "Mantendremos solo un lote en cada punto de la cotización"

[32] Esta es una variante del conocido sistema seguido en los casinos de la Martingala, ir doblando las apuestas a medida que se gana o se pierde.

[33] Burlington es el nombre popular de "Chicago, Burlington and Quinci Railroad", una empresa ferroviaria que operó en los estados del medio oeste desde 1848.

[34] Llama la atención en este párrafo como parece adelantar la teoría de las ondas y los ciclos de Elliot, así como el uso de la metáfora marítima de las mareas y corrientes para explicar el movimiento de los precios en el mercado.

[35] En este punto está claramente anticipando a Richard Wyckoff y toda la escuela de Type Reading, o análisis del precio y el volumen que desarrollarían el propio Wyckoff, Neill, Livermore o más recientemente Tom Williams y Gary Holmes.

[36] Este mismo consejo lo veremos reflejado en el libro de Jesse Livermore "Como operar con acciones"

[37] Jesse Livermore denominó posteriormente estas correcciones como correcciones naturales del precio a medida que se desarrolla una tendencia alcista. De la misma forma se producen en el desarrollo de una tendencia bajista.

[38] Se descuenta diríamos hoy en día.

[39] El autor hace referencia a the tiker como fuente de confusión del trader. He traducido "the tiker" por "la cotización" para que la traducción quede más comprensible. El tiker fue una de las grandes revoluciones del mundo bursátil. Consistía en un teletipo telegráfico que conectado a las principales bolsas transmitía casi a tiempo real las cotizaciones de las acciones.

[40] Interpreto que se está refiriendo a que cuando se tiene una posición abierta no hay que seguir a cada momento el precio de la acción, algo que producirá los efectos que describe. En cualquier caso en la redacción original del libro no queda muy claro por lo que mantengo la ambigüedad existente en la redacción del párrafo.

[41] Tampoco se olvida de hacer constantes referencias a la gestión monetaria o del capital como una de las claves del éxito en la especulación bursátil.

[42] Esta no es la primera vez que vemos aparecer las primeras manifestaciones del pensamiento contrarían, hacer siempre lo contrario que el público no profesional está haciendo es una regla que se ha ido repitiendo a lo largo de todo el libro, y que luego será recogido por todo el "Contrary Thinking" del que fue sistematizador y mayor difusor Humphrey H. Neill con su libro "The art of contrary thinking" publicado en 1954.

[43] Por la descripción parece estar dando una exacta definición del test de Livermore o el spring de Wyckoff, unos cuantos años antes. A pesar de haber rebuscado en lo más profundo de la red de redes no he podido encontrar ninguna referencia ni material de este aparentemente tan interesante agente de bolsa que debio ser C.B. Grenee.

⁴⁴ Adelantándose casi un siglo a la Behaviur Economy ya nos está advirtiendo de la importancia del psicotradin y de lo que más tarde Caneham y Tresvki denominarían Sesgo de Confirmación. El psicotrading también es tratado en otros apartados del libro.

⁴⁵ El consejo hace referencia a la coyuntura del mercado en el momento de redactar el libro (1898).

⁴⁶ De nuevo nos encontramos con un esquema de la acción del precio que recuerda enormemente a la que luego sistematizará y desarrollará Wyckoff en sus escritos.

⁴⁷ De nuevo un comentario en relación con la coyuntura bursátil del momento de la redacción del libro.

⁴⁸ Una nueva coincidencia con Wyckoff esta vez en la utilización de la extensión del periodo de acumulación para calcular el posible alcance del movimiento largo que están preparando los profesionales. Wyckoff utilizó para esto los gráficos de punto y figura, pero como se verá más adelante, cuando se expliquen en el libro el modo de elaborar los gráficos que sugiere el autor, podremos comprobar que son muy parecidos a los gráfico de punto y figura posteriormente utilizados por Wyckoff.

⁴⁹ He dejado los gráficos originales incluidos en la edición original de libro, por lo que las leyendas incluidas en los mismos no están traducidas.

⁵⁰ Que es el punto en el que se inicia el gráfico.

⁵¹ La gran competidora de Sugar.

⁵² **Edwin Lefèvre**. "Memorias de un operador de bolsa". Editorial Deusto 2009.

⁵³ **B.Mark Smith. "Hacia una abundancia racional"** Editorial Turner 2003.

⁵⁴ **Henry Clews, LL.D. "Fifty years in Wall Street"**. Irving Publishing Company, 1915. Británico emigrado a Estados Unidos en 1853 creo la empresa Livermore, Clews and Company (el Livermore inicial no tiene nada que ver con el conocido Jesse Livermore), que fue la segunda empresa en importancia en la negociación de bonos federales durante la guerra de secesión. En 1877 se establece como Clews and Company. Fue uno de los organizadores del "Comité de los 70", un comité de 70 ciudadanos destacados de NY formado en 1871 que llevó a cabo una investigación y proceso contra el corrupto departamento del tesoro del estado de NY de aquellos años. Fue consejero económico del presidente Ulysse Grant. Es autor de varios libros relacionados con el mundo de las finanzas, la economía y la historia política de su época.

[55] El arbitraje consistía en especular con las diferencias de precio entre mercados comprando en unos y vendiendo en otros y viceversa.

[56] Nunca puedo dejar de pensar, cuando hablamos de bucket shops, la gran similitud que existe entre éstas y las empresas que se dedican exclusivamente a la comercialización de CFD.

[57] The National Petroleum Exchange, The Miscellaneous Security board, The American Mining and Stock Exchange, The New york Petroleum Exchange and Stock Board, entre otras.

[58] Una **orden de compra a mercado** es una orden de compra al mejor precio posible inmediatamente obtenible. Una **orden de venta al mercado** es una orden de vender al mejor precio posible inmediatamente obtenible. Una **orden de compra limitada** es una orden que fija el precio máximo por el que se ha de comprar una acción. Una **orden de venta limitada** es una orden que fija el precio mínimo por el que se puede vender una determinada acción. Una **orden de Stop de compra** es una orden de comprar una acción a mercado después de que haya alcanzado el precio mínimo fijado en la orden. Una **orden de Stop de venta** es una orden de vender una acción a mercado después de que el haya alcanzado el precio máximo fijado en la orden. En cuanto el precio ha alcanzado el precio fijado en la orden de stop, la orden se convierte en una orden a mercado.

[59] **José Luis Cárpatos**. "Leones contra gacelas" 2ª Edición. Deusto 2014.

www.ingramcontent.com/pod-product-compliance
Lightning Source LLC
Chambersburg PA
CBHW071800200526
45167CB00017B/733